Küchenkräuter

KOSMOS

Dr. Paul Seitz

Küchenkräuter

KOSMOS

Inhalt

Vielfalt der Kräutergärten

Charme des Küchengartens

Nahe am Haus und voll von der Sonne beschienen, empfängt uns ein Potpourri duftender und würziger Kräutergewächse.

Dankbar und liebevoll sind ihre Volksnamen ausgesucht: Peterle für Petersilie, Limonikraut für Melissen, Salvien, Eppich, Meian und Maggikraut. Josefi heißt das Bohnenkraut, Basilikum das Kraut der Könige, Rosmarin der Tau des Meeres, Narden oder Speik die innig duftenden Lavendelarten.

Das bescheidene Grün der Rauken, Pimpinellen und Kressen wird erheitert durch lang blühende Ringelblumen, Borretsch, Ysop und Kapuzinerkressen. Wenn wir eintreten in die Kräuterei, schlägt das Herz des Küchenmeisters höher. Anblick und Duft animieren verheißungsvoll, mit diesen würzenden und heilsamen Gewächsen hochwertige, kulinarische Köstlichkeiten zu bereiten.

Wie alt und bewährt ist doch das Kräuterwissen der Völker. Auch heute noch sind für unsere moderne Er-

Rosmarin – im Volksmund „Tau des Meeres"

Besucher in einem Kräutergarten – das Interesse für Kräuterwissen ist nach wie vor ungebrochen.

nährung aromatische Würzkräuter aktuell und zunehmend gefragt. Aus dem eigenen Garten und auch von Balkon und Terrasse können wir nahezu ganzjährig frische Kräuter für den täglichen Genuss ernten.

WIE DIE KRÄUTER IN UNSERE GÄRTEN KAMEN

In den bescheidenen Urgärten unserer germanischen Vorfahren wuchsen schon heimische Kräuter, wie zum Beispiel Kümmel, Mohn und auch Frühformen unserer Petersilien. Die eigentliche Gartenkultur brachten jedoch erst die römischen Legionäre über die Alpen. Mit Zwiebelarten, Koriander, Dill, Kressen, Kerbel, Blattsellerie, Fenchel und Minzen konnte man nun auch die Speisen verfeinern.

Ab dem frühen Mittelalter wurde der Kräuteranbau durch das christliche Mönchtum, vor allem der Benediktiner- und Zisterzienser-Orden, verbreitet und schließlich auch von fränkischen Herrschern gefördert. Die Mönche, berufen Armen und Kranken zu helfen, bauten die notwendigen Kräuter im „Herbularius", ihrem Kräutergarten, an und Kreuzritter brachten weitere heil- und würzkräftige Gewächse aus dem Orient und Seefahrer aus der Neuen Welt nach Mitteleuropa.

Mit dem aufblühenden städtischen Wohlstand bereicherten viele Kräuterarten auch die Bürgergärten.

Klösterlicher Heilkräutergarten in Seligenstadt am Main. Die Kräuterkultur wurde seit dem frühen Mittelalter durch das christliche Mönchtum verbreitet.

Küchennaher Würzgarten

Ideal ist ein reichhaltiger Kräutergarten in Küchennähe, verschwenderisch in Duft und Würze, mit frischem Grün für alle Mahlzeiten. Nicht in den hintersten Gartenwinkel gehört die Kräuterei – gesunden Wuchs und beste Aromen erreichen wir nur auf sonnigen Standorten.

Trockenen Fußes, also auf befestigten Wegen und Trittplatten, soll man die Kräuter pflegen und ernten können. Ein Wasseranschluss ermöglicht in Trockenzeiten zusätzliches Bewässern und das Vorreinigen der Kräuter nach der Ernte. Hilfreich ist zudem das Sammeln von Regenwasser zum Gießen sowie das Herstellen von Kräuterauszügen für Kopfdüngungen und Pflanzenschutz. Vögeln und Insekten sollten wir eine Wassertränke anbieten, damit sie den Kräutergarten möglichst oft besuchen.

Eine Gartenbank oder ein Sitzstein mögen dazu einladen, öfters hier zu verweilen, um sich am Gedeihen der Pflanzen, an ihren Düften, dem Wechselspiel von Licht und Schatten sowie an den lebhaften Insekten- und Vogelszenen zu erfreuen.

AKZENTE MIT SCHMUCKELEMENTEN

Soll ein Kräutergarten nicht kitschig wirken, ist die sorgfältige Auswahl der Baustoffe und schmückenden Elemente entscheidend. Empfohlen werden des-

Ein reichhaltiger küchennaher Kräutergarten, aufgeteilt in mit Buchs eingefasste Beete. Sommerblumen, Stauden und Rosen setzen farbige Akzente.

Kräuterbeet am Weg: Die hoch wachsenden Arten sind hinten, die niedrigen vorne angeordnet. So sind alle gut erreichbar.

halb für Wegebau, Umzäunung und Ausstattung landschaftstypische Materialien, wie Natursteine, Holz, Korbweiden, Ton, Keramik oder Schmiedeeisen, ebenso wie die Berücksichtigung der einheimischen Handwerkskunst.

Nützliche Gegenstände, wie eine Sonnenuhr, eine Vogelscheuche oder ein Vogelhaus, aber auch Habichtskugeln stören im Allgemeinen nicht. Mit eigenen Werken der Volkskunst aus Stein oder Holz lässt sich ein Garten ganz persönlich gestalten.

Jeglicher fremder Zierrat, Gartenzwerge aus Kunststoff, Einfassungen mit Flaschen, Rondelle mit Autoreifen oder ausgediente Hofgerätschaften wirken dagegen den Grundzügen echter Kräutergärten von Schlichtheit, Zweckmäßigkeit und Harmonie entgegen. Selbstverständlich soll aber jeder seinen Garten nach eigenen Vorstellungen anlegen und auch weiterentwickeln, damit er sich dort gerne aufhält und über viele Jahre mit Freude „kräutert".

Das vielfältige Angebot dieses kleinen Kräutergartens ist gut beschildert.

Formenvielfalt von Kräutergärten

Eigentlich ist jeder Kräutergarten ein Unikat, abgestimmt auf die persönlichen Interessen und den Bedarf seiner Besitzer.

Würzkräutergärten können für jeden Haushalt verwirklicht werden, vom einfachen Kräuterbeet über individuelle Küchengärten, kleine Gärtchen in großen Gärten, Kräuterspiralen, mobile Kübelgärten bis hin zu den kleinen Kräuterfarmen auf Terrasse und Fensterbank.

Unbestritten, jeder eigenständig geschaffene Kräutergarten hat seinen eigenen besonderen Reiz, ganz gleich ob er streng gegliedert oder naturnah und zwanglos gestaltet ist.

Insgesamt soll er zwar dem ganzjährigen Kräuterbedarf gerecht werden, Dauerhaftigkeit gewährleisten sowie mit persönlicher Note das Gesamtbild des Anwesens und der Umgebung bereichern, er muss aber auch langfristig ein gern aufgesuchter Gartenraum bleiben, der zum Verweilen einlädt und animiert, seine Vielfalt und Anmut immer wieder mit allen Sinnen bewusst zu erleben.

STRENG SYMMETRISCHE KRÄUTERGÄRTEN

Sie sind geprägt durch die quadratische oder rechteckige Form des Grundstücks mit akurater Wegeführung und Randeinfassungen, zum Beispiel mit nie-

Solch ein streng symmetrisch gegliederter Kräutergarten mit einer Sonnenuhr als Mittelpunkt und Zierelement ist das Schmuckstück in einem größeren Garten.

Ein unregelmäßig angelegter Kräutergarten, eingeteilt in Kräutergruppen, kann im Lauf der Zeit zu einem Kräuter-Biotop zusammenwachsen.

derem Buchs. Gestalterisch wird die Kreuzformanlage gern nach dem Vorbild mittelalterlicher Klostergärten verwirklicht. Auf rechteckigem Grundstück, dort wo sich Längs- und Querweg kreuzen, bildet ein Rondellbeet mit einem Springbrunnen, Wasserschöpfbecken oder mit attraktiven hoch wachsenden Kräuterarten den Blickfang. Die Teilflächen, durch die Wegeführung gegliedert, lassen sich ganz nach Belieben und Bedarf bepflanzen oder mit einjährigen Kräuterarten einsäen.

UNREGELMÄSSIG ANGELEGTE KRÄUTERGÄRTEN

Unregelmäßige Beete und zwanglos geführte Wege passen sich jedem Grundstückszuschnitt an. Gepflanzt wird in Kräutergruppen unter Beachtung sonniger und schattiger, trockener und feuchter Lagen sowie der Wuchshöhen und Sonderansprüche der Kräuter. Aus einem ursprünglich unregelmäßig angelegten Kräutergarten kann sich bei eingeschränktem Pflegeaufwand ein echtes Kräuter-Biotop entwickeln.

Achten Sie bei der Bepflanzung von Kräuterbeeten und Trögen darauf, dass die verschiedenen Kräuter unterschiedlich stark wachsen. Der erforderliche Wuchsraum muss langfristig gesichert sein.

Durch die Anlage von Kräuter-Hochbeeten können Pflege- und Erntearbeiten erheblich erleichtert werden. In nebenstehendem Mini-Hochbeet wurde ein Rosmarin-Hochstämmchen (Rosmarinus officinalis; nicht frosthart, im Topf lassen und im Winter hell und frostfrei überwintern) mit Echtem Lavendel (Lavandula angustifolia), Johanniskraut (Hypericum perforatum) Zitronenmelisse (Melissa officinalis) und weiteren Kräutern kombiniert.

HOCHGELEGTE KRÄUTERBEETE

Sie erleichtern vor allem älteren und behinderten Menschen die Pflege und Ernte.

Die Einfassungen der Kräuter-Hochbeete sind entweder mit Natursteinen 40 bis 90 cm hoch gemauert oder bestehen aus Holzplanken beziehungsweise Palisaden und ermöglichen den Einbau einer Sitzbank (Balken 25 cm breit wählen).

Vor dem Auffüllen mit Gartenerde sollte eine 20 bis 30 cm starke vliesbedeckte Dränageschicht mit Sand oder Kies eingebracht werden, um die Wasserführung des Hochbeetes zu verbessern. Vor allem mediterrane Kräuter, wie Rosmarin, Thymian und auch Salbei, mögen keine Staunässe und sind darauf angewiesen, dass überschüssiges Wasser schnell abfließen kann. In die Mitte werden die höher wachsenden Kräuter oder auch Hochstämmchen gepflanzt, um sie herum platziert man die niedrig wachsenden Pflanzen. Kriechende Kräuterarten, wie Thymian, Tripmadam oder

Berg-Bohnenkraut an den Rändern gepflanzt, zieren später mit überhängendem Wuchs.

KRÄUTER-HÜGELKULTUREN

Bei der Hügel-Kräuterei werden die Vorteile intensiver Kultur, reichhaltiger Kräuterernte auf engstem Raum und Pflegeerleichterung durch geringeres Bücken, mit sinnvoller Verwertung, auch von sperrigen Restabfällen aus dem Garten, verbunden. Dazu eignen sich gleichermaßen Längs- und Rundhügel wie Hoch- und Bankbeete. Der Schichtenaufbau mit den Materialien Schnittholz, Ästen, Heckenschnitt, Gestrüpp, Laub, Rasensoden und Rohkompost ist bei allen Systemen ähnlich (siehe Kasten S. 13). Die Hügel sind im Allgemeinen höhenbegrenzt bis 0,80 m, während die Längen beliebig sein können. Vorteilhaft ist die Anlage in Nord-Süd-Richtung, damit eine ausgeglichene Besonnung aller Hügelteile gewährleistet bleibt. Um vor allem im ersten Kulturjahr stärkerem Austrocknen

Kräutergarten mit Hügelbeeten – diese wurden mit Steinen eingefasst und sind jetzt im Frühsommer nach der ersten Ernte bereits abgeflacht.

vorzubeugen, wird auf der Kamm-Mitte eine Längs-Gießmulde vorgesehen. Plattenwege oder Trittplatten um die Hügelbeete erleichtern, auch bei anhaltend schlechter Witterung, das Begehen des Hügelgartens und das Beernten der Kulturen.

Für Kräuterkulturen sind Hügelbeete ab dem zweiten Anbaujahr geeignet. Wegen des meist hohen Nährstoffangebotes werden zunächst kräftig wachsende Gemüsearten, wie Kohl, Tomaten, Zucchini, Gurken und Sellerie, gepflanzt. Bereits im selben Herbst kann dann die Umstellung auf mehrjährige Kräuterarten erfolgen. Eine attraktive Sonderform der Hügelkultur ist das Rundhügelbeet mit einem Mindestdurchmesser von 2,50 m. Ohne störend zu wirken kann der Rundhügel auch in den Wohngarten geschickt eingegliedert werden.

KRÄUTER-HÜGELBEET

Ein Hügelbeet wird folgendermaßen geschichtet (von unten nach oben):

1. Schnittholz oder Reisig,
2. umgedrehte Rasensoden,
3. grobe Pflanzenabfälle,
4. halbreifer Kompost und
5. Gartenerde.

Erst nach dem Anbau von Gemüse- oder Gründüngungspflanzen folgt im zweiten Jahr die Umstellung auf die Würzkräuterkultur.

Auch kreisrunde oder ovale Hügelbeete sind für den Kräuteranbau geeignet. Geschickt angelegt, stören sie selbst im Wohngarten nicht. Auch hier sollten die

höher wachsenden Arten zur Mitte und die niedrigeren nach vorne gepflanzt werden. Rings um die Hügelbeete geführte Plattenwege erleichtern die Pflegearbeiten.

Kräuterspirale

Ist der Garten klein und werden viele Kräuterarten erwünscht, bietet sich die einem Steingarten ähnliche Anlage einer Kräuterspirale an. Damit werden verschiedenen Standortansprüchen vom Feuchtbiotop bis hin zu einer extremen Trockenlage entsprochen.

BAU UND ANLAGE

In sonniger Lage wird zunächst auf einer kreisrunden Fläche mit etwa 3 m Durchmesser ein 50 bis 70 cm hoher Steinhügel errichtet, um die Vorteile der Dränage mit Wärmespeicherung zu verbinden. Aufgefüllt

Eine gelungene Kräuterspirale: Ihren Standortansprüchen entsprechend gepflanzt, gedeihen auf diesem begrenzten Raum alle bedeutsamen Würzkräuterarten.

Berg-Bohnenkraut eignet sich gut für die Bepflanzung der Mauerspalten einer Kräuterspirale.

Figuren aus Stein oder anderem Material sowie Rosenkugeln schmücken die Kräuterspirale zusätzlich.

mit Gartenerde baut man anschließend mit Natursteinen eine spiralförmig aufgebaute Trockenmauer, die im südlichen Teil in einer Sumpfzone mit einem kleinen Folienteich von mindestens 75 cm Durchmesser endet. Die Pflanzerde-Mischung aus zwei Dritteln Gartenerde und einem Drittel reifem Kompost, vermischt mit Sand, füllt man in den Bauch der Spirale. Da die Kräuterspirale ein langfristiges Kultursystem werden soll, wird im mittleren und unteren Teil der fertigen Spirale der Oberboden zusätzlich mit einer Gabe Kompost, Gesteinsmehl und eventuell mit einem organischen Dünger, beispielsweise Hornspäne, verbessert und so mit Nährstoffen angereichert. Im oberen Teilbereich der Spirale, der Trockenregion, genügt der mit Sand abgemagerte, durchlässige Gartenboden.

So angelegt, wird Niederschlagswasser in die Sumpf- und Teichzone abgeleitet. Die Wasserfläche wirkt günstig auf das Kleinklima durch Temperaturausgleich im Sommer und Kälte mindernd bei Frostwetter.

BEPFLANZUNG

In der Feuchtzone wachsen bevorzugt Brunnenkresse, Minze-Arten und Sauerampfer, im oberen Trockenbereich Thymian, Ysop, Beifuß und Oregano, dazwischen die anderen Kräuter, wobei die höheren Arten zur Mitte hin und die halbschattenverträglichen Petersilien, Liebstöckel, Kerbel und Kümmel auf die Nordseite gepflanzt werden sollten.

In den Mauerspalten – der Sonne zugewandt – gedeihen Tripmadam und Berg-Bohnenkraut mit überhängendem Wuchs.

EXPERTEN-TIPP

Die Kräuterspirale ist ein lehrreiches, mikroklimatisches Kleinbiotop und damit bevorzugter Lebensraum für viele Kleinlebewesen, insbesondere erwünschte Nützlinge, die unsere Pflanzenschutzmaßnahmen im Garten begleiten und hilfreich unterstützen können.

Familien-Kräuterbeete

Eine vierköpfige Familie kann sich von einem Kräuterbeet mit 12 m² Größe, zum Beispiel in den Abmessungen von 3 x 4 m, und bis zu 30 verschiedenen, gruppenweise gepflanzten Kräuterarten ausreichend mit Würzgrün versorgen. Bei der Neuanlage sind neben den bekannten Maßnahmen der Bodenvorbereitung vor allem die Pflanzenhöhen und das Platzbedürfnis der einzelnen Kräuter zu beachten.

KÜCHENBEETGARTEN

Für den Küchenbeetgarten eignen sich bevorzugt rechteckige Grundstücke – in der Größe auf Bedarf und Besonderheiten der Familie abgestimmt. Wenn möglich, werden die 1,20 m breiten Beete in Nord-Süd-Richtung angelegt.

Die eigentlichen Beetkulturen sind für die ein- und zweijährigen Kräuterarten bestimmt, die man in Reihen aussät oder auspflanzt und bei deren Anlage man die bekannten Vorteile der Kräutermischkulturen nutzt. Das Beetfeld ist genau wie im Gemüsenutzgarten unter der notwendigen Beachtung des Kulturwechsels zu betreiben. Lassen Sie jeweils abgeerntete Beetreihen nicht offen liegen, sondern überbrücken Sie umgehend mit schnell wachsenden Zwischenfrüchten, zum Beispiel Spinat, Senf, Schnittsalat, oder auch mit Einsaaten von Gründüngungspflanzen.

Die Wegeführung ermöglicht schnellen Zugang für Pflege- und Erntearbeiten von beiden Beetseiten. Selbstverständlich können auch Hoch- und Hügelbeetkulturen an dieser Stelle wie Flachbeete angelegt werden.

Das Beetfeld wird umgeben von 1 m breiten Rand-Rabatten mit mehrjährigen Pflanzenarten, die längerfristig weder häufiges Umpflanzen noch einen Standortwechsel benötigen.

EXPERTEN-TIPP

Ohne besondere Schwierigkeiten passen sich unsere bekannten Würzkräuter alternativen Kulturverfahren an.
Eigentlich genügt es, wenn der Bio-Gärtner die meist „halbwilden" Kräuterarten mit Hilfe des Aussaatkalenders sät, pflanzt und pflegt.

Pflanzplan für das Küchenkräuterbeet (die genauen Pflanzen und ihre Anzahl sind im Text aufgelistet)

Und so sieht das beschriebene Kräuterbeet angelegt aus. Die Ernte kann losgehen!

An der Nordseite kann der Kräuterbeetgarten an Gebäude, Kompostplatz oder Obstgarten anschließen, ostwärts dürfen die Beerensträucher wachsen und an den West- und Südseiten bliebe für die erwünschte volle Besonnung der ideale Übergang zum Wohn- oder Nutzgarten.

Übrigens: Auch die Kreissegmente beim Kräuterrad und Kräuterrondell sind beetartige Anlagen und ebenso nach den Grundsätzen des Küchenbeetgartens zu nutzen.

KÜCHENKRÄUTERBEET ZUM NACHPFLANZEN

Grenzt das Kräuterbeet an eine Mauer oder einen Zaun, wie in unserem Beispiel, sollten die mehrjährigen, höher wachsenden Arten hinten eingeordnet werden: 1. Liebstöckel (1 x), 2. Wermut (1 x), 3. Estragon (2 x), 4. Beifuß (3 x), 5. Lavendel (3 x), 6. Fenchel (2 x) und 7. Rosmarin (4 x). Im mittleren Bereich finden die mittelhohen Kräuter Platz, wie 9. Salbei (3 x), 10. Apfel-Minze (3 x), 11. Zitronenmelisse (3 x), 13. Großer Sauerampfer (3 x), 14. Pfefferminze (6 x), 15. Weinraute (1 x), 16. Eberraute (1 x), 17. Pimpinelle (1 x) und 18. Ysop (3 x).

Die niedrigen Kräuter werden vorgelagert: 19. Dost/ Oregano (3 x), 20. Zitronen-Thymian (3 x) sowie 21. Thymian (5 x).

Die am besten erreichbaren Randzonen bleiben den Saatkräutern vorbehalten, zum Beispiel 8. Dill, 12. Borretsch, 22. Berg-Bohnenkraut, 23. Garten-Bohnenkraut, 24. Basilikum, 25. Kapuzinerkresse, 26. Majoran und 27. Kerbel. Für die Begrenzung des Beetes eignen sich 28. Garten-Kresse, 29. Petersilie und auch 30. Schnittlauch, Knoblauch oder Zwiebeln.

Trittplatten zwischen den Pflanzengruppen erleichtern die Pflegearbeiten und die Kräuterernte.

Themen-Kräuterbeete

Im mediterranen Kräuterbeet bestimmen meist stark würzige, intensiv duftende, sonnenhungrige Kräuter, wie hier Thymian und Salbei, den Anbau. Terrakotta-Dekoration rundet das Mittelmeer-Ambiente ab.

Alle Themen-Kräuterbeete haben ein wohl begründetes Nutzungsziel – nicht selten sind es vegetarische Ernährungsweisen oder man hat in südlichen Ländern eine andere Küche schätzen gelernt, die man nicht mehr missen möchte.

Beet „Kräuter der Provence"

Dies ist eine Besonderheit für Freunde der französischen Küche. Es dominieren die mehrjährigen, intensiv würzenden und duftenden Kräuterarten Thymian, Rosmarin, Oregano, Salbei, Estragon und Lavendel. Ein provenzalisches Kräuterbeet wird ergänzt durch Knoblauch, Majoran, Basilikum und Schnittlauch. In der Provence sind für die weltberühmte französische Küche auch die bekannten Fertig-Kräutermischungen

„Herbes de Provence", „Fines Herbes" und „Bouquet Garni" entstanden (vgl. auch Seite 65).

Mediterranes Pizza-Kräuterbeet

Auf Reisen hat man die köstlichen Gerichte der Mittelmeerländer schätzen gelernt und möchte auch daheim nicht darauf verzichten. Volle Sonne braucht das mediterrane Beet, weil seine Kräuter nur dann ihre intensive Duft- und Würzkraft entfalten können.
Die Anlage selbst erfolgt wie beim Familien-Kräuterbeet beschrieben. Hier bestimmen allerdings Knoblauch, Zwiebelarten, Thymian, Rosmarin, Oregano, aber auch Salbei und Ysop das Kräuterkonzept, unbedingt ergänzt durch mediterrane Einjährige, wie Basilikum, Bohnenkraut, Majoran und Rucola.

Salatkräuter-Beet

Für Salatkräuter-Beete spricht die bekannte Reihenkultur, weil für die tägliche Salatbereitung der reiche Bedarf an frischen einjährigen Kräutern überwiegt. Als Einfassung der Beetränder sind die beständigen Arten Schnitt- und Knoblauch geeignet oder auch zweijährige Petersilien. Im Beet selbst wechseln sich Kressen, Dill, Basilikum, Bohnenkraut, Kerbel, Majoran, Senf, Rucola und Portulak, auch in Kurzreihen, ab. Bitte Nachsaaten nicht auf derselben Reihe durchführen! Schneller Wuchs und hohe Erntemengen erfordern im Sommer häufigeres Wässern.

Natur-Kosmetik aus dem Garten

Nahezu ideal ist die Kombination von selbst hergestellter Natur-Kosmetik aus heilkräftigen Kräutern mit der Verwendung der Kräuter in der Küche zur „inneren Behandlung". Der besondere Vorteil besteht darin, dass alle Kräuter für die eigenen Rezepturen immer frisch verfügbar sind. Als hochgelegtes vollsonniges Bankbeet oder Steingärtchen – zusätzlich mit erlesenen Schmuckelementen dekoriert – lässt sich zudem

Verschiedenste Würzkräuter – auch für die eigene Herstellung von Natur-Kosmetika zu verwenden.

ein liebenswerter Blickfang gestalten. Zum Standardprogramm dieses Themenbereiches gehören Rosmarin, Salbei, Thymian, Lavendel, Eberraute, Ringelblumen, Fenchel, Melisse, Minzen und Kamille.

Salatkräuterbeet in Reihenkultur: Den Beetrand bildet Schnittlauch. In den Reihen wachsen verschiedene Salate und Kräuter, wie Rucola, Kerbel, Dill, Senf Portulak, Kresse, Bohnenkraut, Majoran und Basilikum.

Die Kräuter-Oase im Garten

Kräutergarten als Duft-Oase – angelockt durch die verschiedenen Pflanzendüfte tummeln sich hier auch gerne zahlreiche Insekten.

Pflanzendüfte, einst Kult-, Heil- und Schönheitsmittel und unerlässlich für religiöse Rituale, werden von der Natur in großer Vielfalt geboten. Sie sind die Sprache der Pflanzen, ihrer lautlosen Verständigung. Als äußerst komplexe Gemenge vieler Substanzen lassen sie innig vermischt einen einheitlichen Geruchseindruck entstehen. Ihre diffizilen Baupläne wird man auch künftig nicht ganzheitlich entschlüsseln können. Hoher diätischer Wert und heilkräftige Wirkungen sind nur von ihnen, den reinen Pflanzen-Essenzen zu erwarten. Synthetische, auch als naturidentische Aromen bezeichnet, bewirken nur flache Dufterlebnisse, sie sind zwar Reizstoffe, aber keine Heilmittel.

KRÄUTER-DUFTBEET FÜR DEN GARTEN

Bei der Gestaltung einer kleinen Kräuter-Duftecke im Garten oder in der Nähe des Sitzplatzes sollten Sie einen vollsonnigen Standort wählen, damit die Kräuter einen hohen Gehalt an ätherischen Ölen ausbilden können. Die Pflanzen sollten wenig gedüngt werden, da Sie dadurch zwar stärker wachsen, aber weniger ätherische Öle bilden würden.

Currykraut, Gold-Salbei, Dreifarbiger Salbei und Silberblatt-Salbei bilden diese Duftecke.

Intensiv duftende Kräuter bestimmen die Vielfalt der Aromaküche vom Aperitif bis zum Dessert.

DUFTKRÄUTER UND AROMAKÜCHE

Mit unserer Zunge können wir lediglich vier reine Geschmacksrichtungen unterscheiden, nämlich süß, sauer, salzig und bitter. Alles Weitere sind mit Gerüchen eng gekoppelte Mischungsempfindungen. Weil unsere Riechnerven selbst bis in den Gaumen reichen, meinen wir die angebotenen Aromen zu schmecken.

Durch gekonntes Würzen mit aromatischen und vor allem frischen Kräutern werden Nahrungsmittel zu gesundheitlich wertvollen Gerichten. Um höchste kulinarische Genüsse zu kredenzen, bleiben aromatische Würzkräuter vom Aperitif bis zum Dessert nach wie vor unersetzlich. Und warum nicht auch mit Duftbechern, wie auf altägyptischen Wandmalereien dargestellt, Appetit und Tafelfreuden anregen und mit einem Aperitif von fein zerkleinerten Duftkräutern das Festessen originell bereichern? Für hauseigene Kompositionen einladender Duftbecher sind Dill, Fenchel, Kerbel, Petersilie, Schnittsellerie, Liebstöckel und die nach Anis duftende Süßdolde zu empfehlen.

DUFTENDE WÜRZKRÄUTER

Name	Aroma
Eberraute *Artemisia abrotanum*	süßlich, Moschus ähnlich
Fenchel *Foeniculum vulgare*	weich-süßlich, auch für Duftbecher
Lavendel *Lavandula angustifolia*	mild, charakteristisch, lieblich
Minzen *Mentha* spec.	erfrischend-belebend mit artspezifischen, fruchtigen Aromen
Rosmarin *Rosmarinus officinalis*	intensiv würziges Blattaroma
Salbei *Salvia officinalis*	stark bitterwürzig
Zitronenmelisse *Melissa officinalis*	zitronig, frisch-würzig

Naturnaher Wildkräutergarten

Wer über genügend Gartenraum verfügt, kann sich eine eigene „Kräuterwildnis" leisten. Dazu sind alle robusten, winterharten Kräuterstauden geeignet, zusammen mit anderen, meist einjährigen Arten, die sich durch Selbstvermehrung und Ausläuferbildung behaupten.

ANLAGE

Zur Vorbereitung wird der Boden tief umgegraben und mit einer reichlichen Kompostgabe versorgt. Für die ausdauernden, winterharten Stauden, wie beispielsweise die starkwüchsige Apfel- und Pfefferminze, die schattenverträgliche Krause Minze und Spearmint-Minze, Beifuß, Wermut, Eberraute, Estragon, Bärwurz, Meerrettich, Salbei, Sauerampfer, Thymian, Lavendel, Mehrjährige Kresse, Berg-Bohnenkraut und Oregano, werden flächenverteilt kleine, abgegrenzte Reviere vorgesehen. Stark Ausläufer treibende, wuchernde Arten, wie Minzen, Meerrettich und Mehrjährige Kresse, sind durch hochkantiges Eingraben von Steinen, Beton- oder Kunststoffplatten, etwa 30 cm tief, auf ihre vorgesehene Standfläche zu bändigen.

Für die künftigen Selbstvermehrer, wie zum Beispiel Bärlauch, Knoblauchrauke (*Alliaria petiolata*), Wilder Knoblauch, Dill, Borretsch, Portulak, Ringelblume, Senf, Wild-Rucola, Lein, Nadel-Kerbel und Kamillen, sind die Zwischenräume vorgesehen.

Zum Ansiedeln von Samen-Wildkräutern sind artspezifische Kenntnisse und die nötige Geduld erforderlich, so zum Beispiel bei der Knoblauchrauke: Die einjährig überwinternde Knoblauchrauke liebt wie an ihrem natürlichen Waldrandstandort lichten Schatten und lockeren, humosen, nährstoffhaltigen Boden. Die Aussaat erfolgt im Frühjahr ins geschützte Freiland.

Naturnaher Kräutergarten mit winterharten Arten und Einjährigen, die sich selbst vermehren.

Thymian-Arten gehören zu den ausdauernden Kräutern eines Wildkräutergartens.

Buntlaubige Kräuterarten, wie dieser panaschierte Salbei, beleben unsere Gärten.

Trotz enger Breitsaat ist das Keimergebnis im ersten Jahr nicht immer befriedigend. Die Samen sind jedoch über mehrere Jahre keimfähig. Nach zwei bis drei Jahren sind geschlossene Bestände möglich, die sich dann langfristig durch Selbstaussaat erhalten.

Wenn man nicht etikettieren möchte, wird die anfängliche Pflanzenverteilung mit einer Skizze festgehalten. Sie dient in späteren Jahren der Übersicht und Pflegekontrolle.

Der Wildkräutergarten kann entlang eines Gartenweges geführt werden; es lassen sich auch ein Pfad oder Steinplatten durch die Anlage legen, um die Ernte zu erleichtern.

PFLEGE UND ERNTE

Kontrollieren Sie regelmäßig, dass die Pflanzen nicht zu sehr ausufern, und ernten Sie oft, damit immer frisches Grün nachsprießt. Das Angebot ist meist so reichhaltig, dass jeweils ein ausgesuchter Teil der Kräuter unbeerntet bleiben kann und somit auch blühen darf. Das macht die Wildkräutergärten zu einem attraktiven Blickfang und zu einem Eldorado für die vielgestaltige Welt der Kleinlebewesen. So wird er insbesondere für Wildbienen, Hummelarten, Käfer und Schmetterlinge zum Rückzugsgebiet und für seine naturverbundenen Betreuer zu einem besonderen Erlebnisbereich.

Im Laufe der Zeit gesellen sich zu unserem ursprünglich gesteuerten Kräuterprogramm Pflanzenarten der lokalen Wildflora, die wir im begrenzten Rahmen gerne dulden, weil sie das Frischgrün-Angebot wertvoll ergänzen können. Es sind dies vor allem Hirtentäschel, Vogelmiere, Löwenzahn, Wegwarte, Giersch, Gänseblümchen und Brennnessel – Zutaten für einen frischen Wildkräutersalat.

> **EXPERTEN-TIPP**
>
> Geruch und Geschmack der Knoblauchrauke sind im Frühjahr am intensivsten ausgeprägt. Das Kraut wird roh und fein gehackt den Speisen zugeben. Der Knoblauchgeschmack ist schwächer als beim Zwiebel-Knoblauch und nicht so lange anhaltend. Besonders gerühmt werden Knoblauchrauken-Soßen zu Braten.

Kräuter-Kindergarten

Kinder sind wissbegierig, wollen Neues kennen lernen und erforschen. Unterschiedlich duftende Kräuter sind besonders spannend.

Kinder beginnen schon sehr früh, ihre nächste Umgebung und damit auch den Garten zu entdecken. Deswegen sollte der Garten bewusst kindgerecht ausgerichtet werden. Die Kinder wollen aber nicht nur spielen, sondern auch gerne lernen, wie die Eltern mit Pflanzen und Tieren umzugehen. Mit den frühkindlichen Erfahrungen und Erlebnissen werden die Weichen gestellt für die Verbundenheit mit der Natur. Für den Umgang mit Pflanzen bieten sich Kräuter in vielfacher Weise an.

ERSTE ERFAHRUNGEN MIT KRÄUTERN

Am besten beginnt man mit der Aussaat der rasch keimenden Kresse auf feuchten Tonfiguren, gefolgt von Schnellkulturen mit Kresse, Senf und Rucola in Schalen, Kistchen oder im Kleingewächshaus aus Plastik auf dem Fensterbrett. Nach den offensichtlichen Erfolgen dürfen wir ein kleines Kräuterbeet im Garten – deutlich mit Namen gekennzeichnet – anbieten. Mit der ersten kleinen Gießkanne zum Geburtstag wird das Verlangen verstärkt, eigene Pflanzen selbst zu versorgen. Um jegliche Risiken zu mindern, hilft kindgerechtes Werkzeug, am besten aus Kunststoff. Spielerisch sollen die Kinder den sorgsamen Umgang mit Pflanzen lernen, Erfolge und Misserfolge erfahren.

Kinder wollen nicht nur schnelle Erfolge sehen, sondern auch schmecken. Sie sollten deshalb nach dem Säen und Pflanzen alle Folgearbeiten der Pflege, das Wässern, Jäten und Ernten selbst durchführen dürfen. Sinnvoll ist es, das Kräuterprogramm mit schmackhaften Gemüsearten, wie Radieschen, Zuckererbsen, auch Karotten und Erdbeeren zu kombinieren.

Mit dem Alter des Kindes muss sein geliebter kleiner Garten mitwachsen und die Aufgaben komplexer werden, damit das Interesse nicht erlahmt und fortwährend neue Impulsen für die weitere Entwicklung gesichert sind.

Vielleicht können die frühen Kräutererlebnisse später in einem Schulgarten und mit fachlicher Anleitung in idealer Weise vertieft werden.

PFLANZEN FÜR DEN KRÄUTER-KINDERGARTEN

Deutscher Name	Botanischer Name	Besonderheiten
Knoblauch	Allium sativum	schneller Austrieb für Grünnutzung
Schnittlauch	Allium schoenoprasum	schnelle Treibkultur im Haus und Beet mit mehreren Schnitten
Schalotten	Allium ascalonicum	mit Steckzwiebeln schnelle und sichere Ernten
Dill	Anethum graveolens	schnell wachsend, duftend, Futterpflanze für Schmetterlinge, z. B. Schwalbenschwanz
Rucola	Eruca sativa	raschwüchsig, einfache Saatkultur
Garten-Kresse	Lepidium sativum	schnell wachsend, einfache Kultur im Zimmer und Freiland, Rohgenuss
Minzen	Mentha spec.	leicht vermehrbar, überzeugender Duft
Petersilie	Petroselinum crispum	täglich gebrauchtes Suppengewürz, auch für die Kultur in Töpfen geeignet
Rosmarin	Rosmarinus officinalis	beliebte Würze, Duft
Sauerampfer	Rumex rugosus	früh, rasch nachwachsend, Rohverzehr
Gelber Senf	Sinapis alba	schnell wachsend, Zimmer- und Beetkultur, Rohgenuss, schöne Blüten
Kapuzinerkresse	Tropaeolum majus	schnell wachsend, imposante Blüten

So macht die Kräutergärtnerei auch Kindern Spaß: Schnellwüchsige Kräuter, wie Kresse, lassen angefeuchteten kahlköpfigen Tonfiguren in kurzer Zeit eine Haarpracht wachsen.

Mobile Kräutergärten

Wenn kein Gartenland, sondern nur versiegelte Flächen von Innenhöfen oder Einfahrten verfügbar sind, lassen sich diese mit mobilen Kräutergärten schmückend und nützlich gestalten. Im Schutze von Mauern und Hauswänden gibt es mannigfach ideale Standorte mit besonderen kleinklimatischen Vorzügen.

Eindrucksvoll wirkt die stufenweise Anordnung der Tröge und Kästen auf Treppen oder eigens dafür erstellten Stufenunterbauten. Auf ebenen Flächen erreicht man die Höhenabstufungen, indem die niederen Pflanzen im Vordergrund und die nächst höheren dahinter gruppiert werden. Auf diese Weise wird der Einzelpflanze mehr Licht und Wuchsraum geboten. An tragfähigen Mauern kann man zur Hintergrundgestaltung Pflanzkästen anbringen. Auf Terrassen, windgeschützten Balkonen oder einer Loggia schmücken zusätzlich attraktive Kräuter-Ampeln, aufgehängt an Mauer- und Deckenhaken.

Auch Dachgärten sind für die mobilen Kräutereien geeignet. Bitte denken Sie aber daran, dass die Tragfähigkeit ausreichend ist und der nötige Windschutz sowie die Wasserversorgung gewährleistet sind. Über den Dächern der Stadt ist es stets windbewegt und in den Sommermonaten unerbittlich heiß.

Zu wandelbaren, mobilen Kräutergärten gehören schließlich auch kräuterbepflanzte Mooswände, überlebensgroße, lustige Moosfiguren und eindrucksvolle Kräutertürme.

Viele Kräuter, wie Zitronenmelisse, Schnittlauch, Rosmarin, Pimpinelle, Kresse und Lavendel, können auch gut in Töpfen und Kübeln angebaut werden.

Grün- und rotlaubiger Basilikum ist nicht nur für die Augen ein Genuss.

GEFÄSSE FÜR KRÄUTER

Grundsätzlich sind für Kräuter-Pflanzgefäße alle üblichen Materialien geeignet. Allerdings werden im Einklang mit dem Umfeld natürliche Werkstoffe bevorzugt, wie zum Beispiel Kästen aus Holz, Körbe aus Weiden, Töpfe und Schalen aus Ton und Keramik oder dickwandige Tröge aus Stein. Die Gefäße aus einheitlichem Material dürfen in Form und Fassungsvermögen variieren. Störend und unruhig wirken aber Behälter-Sammelsurien.

Wählen Sie die modernen Materialien Beton oder auch Kunststoffe, weil diese zum Baustil passen, ist auf möglichst schlichte geometrische Formen und überzeugende, dominierende Bepflanzung zu achten. Alle Pflanzenbehälter müssen durch Bodenlöcher ausreichenden Wasserabzug ermöglichen. Das gilt auch für Übertöpfe, die bei anhaltendem Regenwetter durch Wasserstau nachteilige Übernässung verursachen können. Wenn der Kübelgarten im Freien

Alle Kulturgefäße benötigen Bodenlöcher, um einer Übernässung der Kulturerde vorzubeugen.

überwintert wird, müssen die Gefäße unbedingt frost-
fest sein. Dies gilt vor allem für Tonmaterialien, die
durch eindringende Feuchtigkeit und nachfolgendes
Gefrieren oft reißen und zerspringen.

Zum Bepflanzen, vor allem größerer Kräutergefäße,
können Sie Blumenerde, die im Fachhandel angeboten wird, verwenden und in bewährter Weise mit einem Drittel Gartenboden/Sandgemisch kombinieren. Um Vernässung und Versauerung der Füllerde zu
verhindern, sollten Sie zur besseren Wasserführung
auf den Gefäßboden eine Dränageschicht aus Sand,
feinem Kies oder Tonscherben einfüllen, bevor Sie die
Erde darauf geben.

Stehen die Kräutergefäße langfristiger auf offenem
Boden und sind sie frosthart, kann man stattdessen
auch die Gefäßböden entfernen und die Pflanzen in
das Erdreich einwurzeln lassen.

KRÄUTERGARTEN AUF BALKON UND TERRASSE

Auch auf Balkon und Terrasse können Kräuter in mobilen, ansprechenden Kulturgefäßen angebaut werden. Weil hier die Stellflächen nur begrenzt verfügbar
sind, bevorzugt man gerne Platz sparende, rechtwin-
kelige Gefäße.

Auf Südbalkonen ist im Frühjahr und Herbst das Klima für einen kleinen Kräutergarten am angenehms-
ten. Im Sommer schützen Markisen, Rankgerüste
oder Gitter-Pergolen vor zu starker Sonneneinstrah-
lung. Auch höher wachsende Kübelpflanzen, beispiels-

weise Lorbeer, ein Rosmarin-Stämmchen oder Zitronen-Verbenen, können schattierend wirken. Selbstverständlich sind auch ost- und westseitige Balkone für Kräuter geeignet.

Achtung: Auf der Außenseite der Balkone sollten aus Sicherheitsgründen keine Kräuterkästen oder Töpfe aufgehängt werden!

DIE RICHTIGE PFLANZENWAHL

Für Gefäßkulturen eignen sich nahezu alle ein- und mehrjährigen Kräuterarten. Allerdings ist immer zu bedenken, dass den Pflanzen nur begrenzt Erde, Nährstoffe und Wasser zur Verfügung stehen. Nach dem Einwachsen brauchen die Kulturen regelmäßig mindestens alle zwei bis drei Wochen leicht verwertbare Nahrung als Kopfdüngung. Für unsere naturgemäße Kräuterei bevorzugen wir hierfür wässrige Kompostauszüge oder verdünnte Kräuterjauchen. Denken Sie auch daran, dass Pflanzen im Topf immer häufiger – an sonnigen Tagen sogar täglich – gegossen werden müssen!

Küchenkräuter lassen sich auf Balkon und Terrasse auch geschickt mit Zierpflanzen kombinieren.

Als Topfkräuter eignen sich nahezu alle ein- und mehrjährigen Arten. Ganz nach Belieben kann kombiniert und umgruppiert werden, wie hier ein Arrangement aus Olivenbäumchen, Rosmarin, Paprika, Thymian, Salbei, Süßkraut, Aloe Vera und Petersilie.

Kräuter am Fenster

Für den ganzjährigen Anbau frischer Kräuter im Zimmer eignen sich helle Ost- und Westfenster, im Winter auch die Südfenster. Für die Kulturen können die Fensterbänke nach innen verbreitert und vorhandene Heizkörper überbaut werden.

Topfkulturen stehen am besten in Untersetzern oder Übertöpfen. Um Übernässung vorzubeugen, haben sich zum Einstellen der Töpfe Rinnen mit Kies oder zerkleinerten Tonscherben bewährt. In den Blumenfenster-Wannen können Sie die Kräutertöpfe in Torf „einfüttern" und brauchen dann nicht so oft gießen. Sobald es im Frühjahr die Witterung erlaubt, darf die eingetopfte Kräutergesellschaft auf das geschützte Außen-Fensterbrett wechseln.

Für die Zimmerkräuterei werden mehrmals im Jahr in Folgesätzen die schnell wachsenden Kräuterarten Kresse, Senf, Rucola, Dill, Kerbel und Portulak in Schalen oder Kistchen kultiviert.

In den Wintermonaten ist insbesondere das Antreiben von Würzkräutern, wie Schnittlauch, begehrt.

Küchenkräuter (Schnittlauch und Salbei) auf der Fensterbank in passend dekorierten Kästen

Kleine „Küchenkräuterplantage" auf dem hellen Fensterbrett – so ist von Basilikum über Salbei bis Schnittlauch alles in Reichweite.

Würzkräuter in der hellen Wohnküche kultiviert vermitteln eine wohltuende Atmosphäre. Die Kräuter sind jederzeit frisch und griffbereit. Achten Sie auf ausreichende Helligkeit.

SCHNITTLAUCH

Die Ballen aus dem eigenen Garten werden geputzt, eingetopft, warm und hell angetrieben. Waren die Ballen keinem Frost ausgesetzt, kann ein zehnstündiges Wasserbad mit Temperaturen von 35 bis 40 °C den Austrieb stimulieren. Nach dreimaligem Schnitt sind die Pflanzen erschöpft, können in den Garten zurück und normal weiterkultiviert werden.

KNOBLAUCH

Man steckt mehrere Knoblauchzehen in vorbereitete Töpfe. Daraus treibt rasch würziges Grün.
Eine erfreuliche Bereicherung für Feinschmecker ist Zimmerknoblauch *(Tulbaghia violacea)*. Die ständig nachwachsenden feinen Blätter der frost-

EXPERTEN-TIPP

Wie den Gemüsearten Sellerie und Spargel werden auch verschiedenen Kräuterarten stimulierende Wirkungen nachgesagt. Nehmen wir an, dass es sich um allgemein belebende, anregende Wirkungen handelt, die zuweilen organspezifisch empfunden werden. Folgende Kräuter sollen aphrodisierend wirken: Bohnenkraut, Bockshornklee, Basilikum, Majoran, Rosmarin, aber auch Kümmel und Koriander.

empfindlichen Pflanze können als feine Knoblauchwürze geerntet werden. Attraktiv sind auch die hellvioletten, duftenden, lilienähnlichen Blüten.

KEIMSPROSSEN

Sie können vor allem die kräuterarme Wintersaison überbrücken. In Keimschalen oder speziellen Keimapparaten entwickeln Samen von Kresse, Senf, Soja- und Mungbohnen, Luzerne, Bockshornklee, Getreide, Kichererbsen sowie von Leinsamen und Rettich bei Raumtemperatur innerhalb kurzer Zeit köstlich schmeckende Keimsprosse. Sie können auch bei Dunkelheit gezogen werden. Als würzende Beilagen für Rohkost und Salate sowie zum Füllen von Frühlingsrollen und für Nasi- oder Bamigoreng-Gerichte sind sie begehrt.

Praxis

Standort und Boden

Nutzgarten mit Kleingewächshaus – ideal für die Jungpflanzenanzucht der Kräuter

Haben wir uns erst einmal mit duftenden und würzenden Kräutern angefreundet und die ersten Samen und Pflanzen erworben, so möchten wir auch gerne möglichst ideale Voraussetzungen anbieten, damit die Würzpflanzen üppig und gesund gedeihen. Vorteilhafte Standorte für Kräutergärten sind sonnige Lagen und durchlässige, humushaltige Gartenböden. Legt man einen Kräutergarten wie üblich im Frühjahr neu an, sollte der Boden bereits im Herbst des Vorjahres vorbereitet werden.

BODENVORBEREITUNG

Sandböden kann man mit Kompost oder Rindenhumus verbessern, schwere, tonige Böden mit Sand, Kompost oder verrottetem Stallmist. Der pH-Wert liegt je nach Bodenart (Sand – sandiger Lehm – Lehmboden) zwischen 5,5 und 6,6 im günstigen Bereich. Über Winter sollte den Boden eine mindestens 10 cm starke Mulchschicht bedecken. Bis zur Pflanzung der Kräuter ist eine Zwischenkultur zur Gründüngung, beispielsweise mit Senf oder Spinat, vorteilhaft.

NOTWENDIGE GERÄTE FÜR DEN KRÄUTERGÄRTNER

Zur Grundausstattung für Neuanlagen sowie Pflegearbeiten gehören Spaten oder Grabegabel, Rechen und Vierzahn, eine Hacke zum Jäten und Boden lockern, Pflanzholz und Pflanzkelle, Gießkanne und Gartenschere. Als Zubehör für die Arbeitserleichterung gibt es zur Bewässerung einen Gartenschlauch mit Brause, für die Bodenbearbeitung einen Sauzahn, für den Pflanzenschutz größenangepasst eine Spritze, ferner eine Hecken- und Astschere, einen Fächer-Stahlbesen, Anzuchtschalen und Pikierhilfen zur Jungpflanzenvorkultur.

Vermehrung und Anzucht

„Kinderstube der Kräuter": Die Freude an gelungener Pflanzenvermehrung und geglückter Jungpflanzen-kultur ist immer wieder groß.

Werden von verschiedenen Kräuterarten nur Einzelpflanzen benötigt, kauft man sie am besten in der Gärtnerei, beim Gärtner auf dem Markt, im Gartencenter oder bezieht sie über den Kräuterversand (siehe auch Adressen Seite 89).

Andererseits bringt es natürlich Anreiz und Freude, wenn eigene Vermehrungen gelingen und man die Entwicklung vom Samen zur Pflanze verfolgen kann.

AUSSAAT

Ein- und zweijährige Kräuter werden ab dem Frühjahr meist in Rillen direkt ins Freiland gesät. Eine Verfrühung der Kulturen ist durch Aussaaten auf dem Fensterbrett, durch Vorkultur der Jungpflanzen im Gewächshaus, Folientunnel und Frühbeetkasten oder durch Bedecken der Aussaaten und Pflanzen mit gelochten Folien oder Vliesen im Freiland möglich. Für die erfolgreiche Anzucht frostempfindlicher Kräuter ist die Vorkultur unverzichtbar.

VORKULTUR VON JUNGPFLANZEN

Die Jungpflanzenvorkultur ab dem zeitigen Frühjahr ist die Kinderstube vie-

> **EXPERTEN-TIPP**
>
> Einfacher und sehr sicher ist die Anzucht der Jungpflanzen in Torfpresstöpfen (Jiffy Pots). Die netzummantelten Torf-Tabletten quellen nach dem gründlichen Angießen rasch auf und sind nach kurzer Zeit für Aussaat oder Stecklingsvermehrung nutzbar.

ler Kräuterarten für die neue Saison. Es wird damit das Kräuterjahr verfrüht und verlängert. Die zarten Sämlinge erhalten den nötigen Kälteschutz, bilden ein kräftiges Wurzelwerk, können witterungsangepasst nach den Eisheiligen im Freiland sofort problemlos weiterwachsen, und man kann dadurch die ersten Ernten beachtlich vorverlegen. Mit der Vorkultur ist bei manchen Pflanzenarten, zum Beispiel Paprika und Peperoni, der erfolgreiche Anbau unter unseren Klimabedingungen überhaupt erst möglich.

Ideal zur Jungpflanzenvorkultur ist ein Kleingewächshaus mit Anzuchttisch. Gute Resultate können wir auch mit Frühbeetkasten und Folientunnel erreichen,

dagegen stellen die Pflanzenqualitäten bei Anzuchten auf der Fensterbank oft weniger zufrieden, was mit den meist unzureichenden Lichtverhältnissen und den gleichzeitig zu hohen Zimmertemperaturen zusammenhängt.

Kritisch für die Pflanzen ist immer der Übergang von der geschützten Anzuchtphase in das Freiland mit seinen oft wechselhaften Witterungsbedingungen. Hier hilft sorgfältiges Abhärten, begonnen durch reichliches Lüften. Zum weiteren Gewöhnen an das neue Klima stellt man danach die Jungpflanzen einige Tage an schattigen Stellen nach draußen oder an bedeckten Tagen ganz ins Freie.

VORKULTUR VON JUNGPFLANZEN

1. Schalen oder Anzuchtkisten mit sandiger, humoser Erde füllen, glatt andrücken, fein anbrausen.

2. Dünn und gleichmäßig besäen.

3. Mit Sand oder Erdsubstrat dünnschichtig übersieben, nochmals andrücken.

4. Vorsichtig überbrausen. Achtung: Lichtkeimer (Salbei, Basilikum, Bohnenkraut) nach dem Säen nicht mit Sand oder Erde übersieben, sondern Samen nur vorsichtig überbrausen.

5. Schalen nach der Aussaat mit Folie oder Papier zudecken, um gleichmäßige Bodenfeuchtigkeit und Kleinklima zu gewährleisten. Nach dem Auflaufen der Saat sofort Abdeckung entfernen.

6. Junge Pflänzchen regelmäßig gießen.

7. Wenn die ersten Laubblättchen gebildet sind, die Jungpflanzen vereinzeln (pikieren), damit jedes Pflänzchen wieder genug Platz für seine Entwicklung hat. Jetzt wachsen sie rasch heran, haben genügend Standraum, bilden reichlich neue Wurzeln und können entweder bald eingetopft oder nach Abhärtung direkt ins Freiland ausgepflanzt werden.

*Vor der Aussaat werden gleichmäßige Saat-
furchen gezogen.*

*Mit einer Aussaathilfe geht das Säen leichter
und gleichmäßiger, vor allem bei feinem Saatgut.*

Frühaussaaten ins Freiland

Frühaussaaten ins Freiland erfolgen, sobald der Boden genügend abgetrocknet und bearbeitbar ist.
Nun ist die Krume feinkrümelig saatfertig herzurich-
ten. Um spätere Pflegearbeiten zu vereinfachen, wird
meist in Reihen gesät. Bei langsam keimenden Arten,
zum Beispiel Petersilie, können zum frühen Markie-
ren der Reihen Radieschen- oder Salatsamen beige-
geben werden.

Beim Säen sollte man beachten, dass die Samen nur
mit dem Zwei- bis Dreifachen ihrer Dicke mit Erde
oder Sand bedeckt werden. Flächige Breitsaat ist noch
üblich bei Portulak, Nadel-Kerbel, Borretsch, Dill und
Gartenkresse.

Auch Lichtkeimer, wie Basilikum und Bohnenkraut,
dürfen in Rillen gesät werden, wenn nachfolgend der
Samen vorsichtig in den Boden eingebraust wird.

Vorsicht: Wenn Sie überlagertes, älteres oder auch
selbst geerntetes Saatgut verwenden möchten, sollten Sie dessen Keimfähigkeit kennen und berück-
sichtigen. Um das Restsaatgut selbst zu prüfen, hilft

*Ganz einfach geht es mit Saatbändern: Sie
werden direkt ausgelegt und verrotten später im
feuchten Boden. Die Samen keimen gleich im rich-
tigen Abstand.*

ein einfacher Keimtest. Dazu nehmen Sie beispielsweise den sauberen Deckel eines Einmachglases, legen einen Streifen Filterpapier ein, feuchten dieses an, geben darauf abgezählt 20 oder 30 Samen, bedecken das Glas mit einer Glasplatte, die allerdings nicht luftdicht aufliegen darf, und breiten darüber einen Bogen weißes, lichtdurchlässiges Papier. Bei normaler Zimmertemperatur aufgestellt, können Sie nach etwa zwei Wochen den Keimtest auswerten. Wenn über 30 % der Samen gekeimt sind, lässt sich all-

EXPERTEN-TIPP

Der Samenhandel bietet zur Vereinfachung Zeit sparende Saatbänder und Saatteppiche an. Das Saatgut ist in papier- oder wasserlöslichen Kunststoffstreifen eingelegt, die das Auflaufen der Saat begünstigen und im feuchten Boden rasch verrotten. Die Frühaussaaten und -pflanzungen werden auch hier sofort mit gelochten Folien oder Vliesen bedeckt.

gemein das Saatgut noch verwenden und die Aussaatstärke nach der Restkeimkraft bemessen.

PFLANZUNG

Die Kräuter sollen sich am neuen Standort durchsetzen. Deshalb werden sie nicht einzeln gepflanzt, sondern möglichst in Gruppen von drei bis fünf Pflanzen. Zum Starten im Frühjahr, schnellerem Einwachsen und früherem Grünschnitt wird auch hier empfohlen, die Kultur schützend mit gelochter Folie oder Vlies zu beginnen.

Die jungen Pflänzchen, möglichst mit Erdballen, werden mit Hilfe eines Steckholzes gepflanzt, seitlich angedrückt und sofort vorsichtig angegossen.

37

Weitere Vermehrungsarten für Kräuter

STECKLINGSVERMEHRUNG

Mit Stecklingen lassen sich nahezu alle mehrjährigen Kräuterarten, insbesondere Rosmarin, Lavendel, Eberraute, Thymian- und Minzearten, Berg-Bohnenkraut, Estragon, Melisse, Zitronen-Verbene, Weinraute und Wermut, wie folgt vermehren: Etwa 5 bis 10 cm lange, gesunde Triebstücke werden als Kopf- oder Zwischenstecklinge jeweils direkt unter einem Blattknoten mit einem scharfen Messer glatt abgeschnitten. Die Blätter der unteren 2 bis 3 cm werden entfernt, aber mindestens drei Blätter bleiben stehen. Die Stecklinge werden in sandiges Erdsubstrat, 2 bis 3 cm tief, in bleistiftstarke Löcher gesteckt, angedrückt und anschließend vorsichtig überbraust. Zwei Drahtbügel, über Kreuz gesteckt, bilden den Unterbau für einen Folienüberzug. Mit diesem „Mini-Folienhaus" wird die für die Bewurzelung notwendige hohe Luftfeuchtigkeit und eine ausgeglichene Temperatur in idealer Weise gewährleistet. Will man nur Einzelstecklinge vermehren, beispielsweise von selteneren Salbei-Arten, Zitronen-Verbene oder Duft-Geranien, genügt meist die Bewurzelung in einem Gefäß mit Wasser auf dem Fensterbrett bei Zimmertemperatur. Mit Geschick gelingt in der Folge der Übergang zur Topfkultur in humoses, gut durchlässiges Erdsubstrat.

1. Stecklinge abnehmen und mit einem scharfen Messer direkt unterhalb eines Blattknotens nachschneiden.

2. 2 bis 3 cm tief in sandiges Substrat stecken. Als Hilfsmittel kann ein Pikierholz dienen.

TEILUNG

Ältere, mehrtriebige Wurzelstöcke der ausdauernden Kräuter, üblicherweise bei Melisse und Estragon, aber auch Schnittlauch, lassen sich zwar geschickt mit dem Spaten am Standort teilen, sicherer ist jedoch die allgemeine Methode der Staudenvermehrung. Bei dieser nimmt man die Wurzelballen aus dem Boden, legt die Knospen frei und trennt mit einem Sägemesser die Stöcke so, dass die Teilstücke nicht nur ausrei-

3. Nach dem Anbrausen der Stecklinge eine Folienhaube überstülpen.

Die Vermehrung mehrjähriger Kräuter, wie Schnittlauch, erfolgt über Teilung. Die Trennung der Wurzelballen wird mit einem größeren Messer durchgeführt. Alle Teilstücke müssen ausreichend Wurzelmasse und Triebknopsen behalten.

chend Wurzelmasse, sondern auch genügend Triebknopsen behalten. Verbinden Sie das Teilen möglichst mit einem Standortwechsel, und bereiten Sie die Pflanzstellen für die neuen Teilstücke sorgfältig durch Bodenverbesserung, zum Beispiel mit Kompost, vor.

Wurzelausläufer

Diese Vermehrungsart, allgemein bekannt für die Minzearten und Meerrettich, ist einfach und sicher anzuwenden. Schneiden Sie mindestens 5 cm lange Triebe der Stolonen (unterirdische Sprosse), die bereits Blättchen gebildet haben oder genügend Triebknopsen erkennen lassen, ab und legen Sie diese entweder auf einem gesonderten Beet mindestens 5 cm

tief in den Boden oder kultivieren Sie sie zunächst in Kisten, Schalen oder Töpfen bis zur besseren Wurzelbildung vor.

Für die Fechservermehrung beim Meerrettich werden dünnere Nebenwurzeln abgetrennt, in 15 bis 25 cm lange Stücke geschnitten, im Abstand von 20 bis 30 cm schräg in den Boden eingelegt und an Ort und Stelle weiterkultiviert.

Absenker

Absenken ist die Vermehrungsmethode für mehrjährige Kräuter mit ausladendem Wuchs und der Neigung, die auf dem Boden aufliegenden Triebe zu bewurzeln, zum Beispiel Thymian- und Minzearten.

VERMEHRUNG DURCH ABSENKER

1. Geeignet sind nur ausgereifte, längere Triebe.
2. Triebe in den Boden eindrücken, mit Drahtbügeln feststecken, eventuell etwas Erde anhäufeln.
3. Nach der Wurzelbildung den Trieb abtrennen und durch Verpflanzen als eigenständige Pflanze weiterkultivieren.

Pflege im Kräutergarten

Bodenbedeckung durch Mulchen vermindert Unkrautwuchs, spart Wässern und verbessert das Bodenleben.

BEWÄSSERUNG

Die meisten Kräuterarten sind zwar bescheiden in ihren Wasseransprüchen, jedoch in extremen Trockenzeiten des Sommers auch dankbar für zusätzliches Gießen.

VERSORGUNG MIT NÄHRSTOFFEN

Ist der Boden in einem guten Zustand, genügt zur Düngung jährlich vor Kulturbeginn eine kräftige Gabe Kompost. Wenn in älteren Anlagen das Triebwachstum auffallend nachlässt und sich die Blattfarbe in einem helleren Grün zeigt, sind zusätzliche Düngergaben mit Hornmehl oder organischen Mischdüngern zu empfehlen. Schneller wirken flüssige Kopfdüngungen von Kompost- oder Kräuterauszügen.

RÜCK- UND FORMSCHNITT

Sind die Pflanzenbestände zu dicht geworden oder lässt das Wachstum deutlich nach, können Sie im Herbst oder Frühjahr ausdünnen, Wurzelstöcke teilen und umpflanzen sowie die Standorte austauschen.
Um ein gepflegtes Aussehen des Kräutergartens zu erreichen, werden die mehrjährigen Kräuterarten im

Auch wenn Kräuter in der Regel eher anspruchslos sind, so wollen sie doch auch gepflegt werden, um besser und gesünder zu wachsen und mehr Ertrag zu bringen.

HACKEN

Ist offener Boden nach Niederschlägen verkrustet, hilft flaches Hacken verbunden mit dem Ausjäten der wuchernden Begleitflora.

MULCHEN

Vorteilhafter als Hacken ist eine ständige Bodenbedeckung mit einer mindestens 2 bis 4 cm dicken Mulchschicht aus organischen Materialien, wie Rindenhumus, Kompost oder auch angerottetem Häckselgut. Vorteile des Mulchens sind, dass in diesem Fall so gut wie keine Hackarbeit anfällt, man kaum mit Unkrautwuchs zu kämpfen hat, das Bodenleben verbessert wird und man weniger gießen muss. Im Spätherbst wird die schützende Mulchschicht auf 8 bis 10 cm Dicke verstärkt. Damit sich der Boden im Frühjahr leichter und schneller erwärmen kann, sollte der Wintermulch wieder rechtzeitig entfernt werden.

Das Entfernen von unerwünschten Pflanzen in den Kräuterbeeten sollte regelmäßig erfolgen.

Kompost- und Kräuterauszüge zur flüssigen Düngung können selbst hergestellt werden.

Vorwinter vorläufig und nur bescheiden zurückgeschnitten. Im Frühjahr bei beginnendem Neuaustrieb erfolgt dann nach dem Entfernen der abgestorbenen Pflanzenteile der eigentliche artgemäße Rückschnitt. Verschiedene Kräuterarten, wie Thymian, Lavendel, Ysop oder Weinraute, eignen sich für streng geform-te Kleinhecken und zum Umsäumen von Kräuterrabatten. Auch dekorative Einzelpflanzen, Pyramiden und Kugelhochstämmchen von Lorbeer, Rosmarin und Lavendel erhalten mehrmals jährlich den nötigen Formschnitt.

WINTERSCHUTZ

Werden die Kräuterkulturen im Spätherbst mit Folien und Vliesen überbaut, lässt sich die Frischernte bis zu mehreren Wochen verlängern. Durch Anhäufeln, insbesondere aber durch Bedecken mit Fichtenzweigen oder Reisig erhalten die Kräuter Winterschutz. Raue Winterwinde werden dadurch gemindert, und der Boden kann nicht zu tief gefrieren.

Zur Überwinterung kälteempfindlicher Kräuterarten wie Rosmarin, Duftgeranien, exotischen Salvien, Zitronenstrauch und Lorbeer bieten sich helle, frostfreie Räume an. Vorteilhaft sind Wintergärten, auch Treppenaufgänge im Haus. Die Lebensvorgänge der Pflanzen bleiben während der winterlichen Ruhezeit eingeschränkt, deshalb braucht nicht gedüngt und nur sparsam gegossen werden.

41

Schneiden Sie krautige Pflanzen in der Wachstumszeit zurück, so wird die Verzweigung angeregt und ein buschiger Wuchs gefördert.

Pflanzenschutz im Kräutergarten

Eigentlich sind Krankheiten und Schädlingsbefall im naturnahen Kräutergarten recht selten, weil unsere Würzkräuter mit noch weitgehendem Wild- und Halbwild-Charakter bemerkenswert widerstandsfähig gegen Krankheiten sind. Zudem können wir durch geeignete Kulturmaßnahmen, richtige Standortwahl und Gruppenbildung den Gesundheitszustand unterstützen. Um Kräuter jederzeit rückstandsfrei zu ernten, bestimmen biotechnische Maßnahmen den Pflanzenschutz.

Rost- oder Mehltaubefall

Von Rost oder Echtem Mehltau öfters befallene Kräuter, wie beispielsweise Minzen, Pimpinelle und Melisse, werden rigoros zurückgeschnitten. Der neue Austrieb erfolgt wieder gesund.

Minzrost macht sich durch orangebraune kleine Pusteln auf der Blattunterseite bemerkbar.

Raupen und Schnecken

Diese Tiere bekämpft man zunächst durch Absammeln, bei stärkerem Auftreten helfen Schneckenfallen, Schneckenzäune und Schutzstreifen mit Branntkalk.

Insekten

Gegen Zwiebel- und Kohlfliegen oder Lauchmotten hilft das flächenmäßige Bedecken mit Kulturnetzen. Erdflöhe, Blattläuse oder Blattkäfer werden bei massenhaftem Auftreten nützlingsschonend mit für Mensch und Tier unbedenklichen Handelspräparaten oder selbst hergestellten Abwehrmitteln bekämpft.

Kräuter helfen Kräutern

Mit den milden, rückstandsfreien selbst herstellbaren Kräuter-Abwehrmitteln werden insbesondere die pflanzeneigenen Widerstandskräfte gestärkt. Der direkte Bekämpfungseffekt ist dagegen oft nur untergeordnet.

Für gezielte Anwendungen sind Kräuterauszüge, Kräutertees und Kräuterbrühen zu unterscheiden.

Bei Mehltau wird durch einen starken Rückschnitt der befallenen Teile ein gesunder Neuaustrieb angeregt.

GRUNDREZEPTE

Kräuterauszug: 10 l Wasser (bevorzugt Regenwasser) werden mit 1 kg Grünmasse, beispielsweise von handlang geschnittener Brennnessel oder Beinwell, angesetzt. Nach 24 Stunden, spätestens nach drei Tagen, ist der Auszug spritzfertig und kann unverdünnt zur Bekämpfung gegen Blattläuse eingesetzt werden. Gären die Auszüge, werden sie zu Kräuterjauchen, die 1:10 mit Wasser verdünnt der flüssigen Düngung dienen können.

Kräutertee zur Pflanzenstärkung: Überbrühen von frischen oder getrockneten Kräutern, beispielsweise Beinwell, Kamille, Löwenzahn, Schachtelhalm oder Wermut, mit kochendem Wasser. Wermut-Kräutertee wird z. B. zur Bekämpfung von Erdflöhen empfohlen.

Kräuterbrühe: Die Kräuter, etwa 300 bis 500 g Frischmasse auf 10 l Wasser, werden 24 Stunden lang angesetzt, danach auf schwacher Flamme 20 Minuten gekocht. Dann lässt man sie zudeckt abkühlen und

seiht sie anschließend ab. Bekannte Kräuterbrühen sind Absude von Schachtelhalm und Rainfarn gegen Mehltau und anderen Pilzerkrankungen.

NÜTZLINGE

Kräutergärten sind Refugien für eine mannigfaltige Kleintierwelt. Viele Nützlinge, wie Marienkäfer, Flor- und Schwebfliegen sowie deren Larven, Schlupfwespen, Ohrwürmer, auch Raubmilben und Raubwanzen, halten als Gegenspieler schädliche Insekten in Schach. Diesen Nützlingen bieten Sie schützende Schlupfwinkel und Nahrung an, indem die Kräuterarten auch teilweise zur Blüte kommen dürfen und nicht zurückgeschnitten werden.

Biologischer Pflanzenschutz hat Vorrang im Kräutergarten. Hier vertilgt ein Marienkäfer Blattläuse.

Kräuter in Mischkulturen

Mischkulturen von Gemüse und Kräutern sorgen bei beiden Pflanzengruppen für ein gesünderes Wachstum und Schädlingsabwehr.

Soweit man bis heute weiß, sind Würzpflanzen miteinander weitgehend verträglich. Dennoch wurde beobachtet, dass einige Pflanzen in der Nähe bestimmter anderer Pflanzen besser und gesünder wachsen. Dies nutzt man, indem man Mischkulturen, besonders von Würzkräutern und Gemüse (siehe nebenstehende Tabelle) anbaut.

Mischkulturen kommen den natürlichen Lebensgemeinschaften am nächsten. Entweder abwechselnd in Reihen angeordnet oder als Randpflanzen der Gemüsebeete vermögen Kräuterarten auch dazu beizutragen, Schädlinge abzuwehren.

Übrigens, auch im Ziergarten sind Mischkulturen mit Würzpflanzen interessant geworden. So zeigen Lavendel, Salbei, Thymian und Ysop vorteilhafte Partnerschaften und bereichern den Garten zudem mit ihrem Zierwert.

Bewährte Mischkultur: Dill im Möhrenbeet, bei zeitgleicher Reihenaussaat im Frühjahr

GEMÜSEARTEN IN MISCHKULTUR MIT KRÄUTERN

Kräuterart	Gute Nachbarpflanzen	Schlechte Nachbarpflanzen Besonderheiten
Zwiebel *Allium cepa*	Bohnenkraut, Dill, Erdbeeren, Gurken, Möhren, Rote Rüben, Salat, Tomaten, Bohnen, Erbsen, Radies, Rettich, Spargel	Abwehr gegen Spargelfliege
Lauch *Allium porrum*	Endivie, Erdbeeren, Gurken, Kamille, Kohlarten, Salat, Möhren, Rote Rüben, Sellerie, Tomaten	Bohnen, Erbsen
Knoblauch *Allium sativum*	Erdbeeren, Gurken, Kartoffeln, Kopfsalat, Möhren, Rote Rüben, Spinat, Tomaten, Gurken, Spargel	Busch- und Stangenbohnen, Erbsen, Kohlarten, Spargel
Dill *Anethum graveolens*	Bohnen, Erbsen, Gurken, Möhren, Kartoffeln, Kohl, Rote Rüben, Salat, Salbei, Zwiebeln	nicht bekannt
Kerbel *Anthriscus cerefolium*	Buschbohnen, Endivie, Radies, Rettich, Blattsalate, Tomaten	nicht bekannt Abwehr gegen Schnecken
Schnitt-Sellerie *Apium graveolens*	Gurken, Kohlarten, Lauch, Tomaten	nicht bekannt
Borretsch *Borago officinalis*	Salat, Erdbeeren, Kohl	Abwehr gegen Kohlschädlinge
Kümmel *Carum carvi*	Kohl, Gurken, Rote Rüben, Kartoffeln	nicht bekannt
Fenchel *Foeniculum vulgare*	Endivie, Erbsen, Gurken, Salbei, Salat, Zichorie	Bohnen, Tomaten
Ysop *Hyssopus officinalis*	allgemein günstig	Abwehr gegen Schadraupen
Kresse *Lepidium sativum*	Kopfsalat, Radies, Rettich	nicht bekannt
Basilikum *Ocimum basilicum*	Gurken, Knollen-Fenchel, Kohlrabi, Schwarzwurzeln, Zwiebel	alle hoch wachsenden, Schatten werfenden Pflanzenarten Abwehr gegen Zwiebelfliege
Majoran *Origanum majorana*	Möhren, Rote Rüben, Zwiebeln	Kopfkohl
Petersilie *Petroselinum crispum*	Gurken, Lauch, Radies, Rettich, Tomaten, Spargel, Zwiebeln	Kopfsalat, Zichorienarten
Rosmarin *Rosmarinus officinalis*	Möhren, Rote Rüben	nicht bekannt
Salbei *Salvia officinalis*	Bohnen, Erbsen, Kohlarten, Möhren, Salat, Knollen-Fenchel	Gurken
Bohnenkraut *Satureja spec.*	Bohnen, Endivie, Kopf- und Pflücksalate, Rote Bete, Zwiebeln	nicht bekannt
Senf *Sinapis alba*	fördernd für die meisten Gemüse- und Kräuterarten	Kohl und andere Kreuzblütler (wegen Kohlhernie)
Thymian *Thymus vulgaris*	Tomaten, Kartoffeln	Abwehr gegen Blattläuse, Raupen, Nacktschnecken

Nützliche Begleitflora

Im Laufe der Zeit gesellen sich zu unseren angebauten Kräutern in den Gärten Gastpflanzen der lokalen Wildflora. Unter diesen (Un-)Kräutern, die zwar mit den angebauten Kräutern um den begrenzten Raum sowie um Wasser und Nährstoffe konkurrieren, gibt es anerkannt nützliche Arten – sie können das Frischeangebot unserer Würz- und Rohkostkräuter sinnvoll ergänzen. Solange nützliche Wildkräuter nicht durch Massenwuchs oder Beschattung nachteilig oder störend wirken, sollten wir nicht jäten, sondern dulden und ernten.

Kräuter der Wildflora sind meist eine vitamin- und mineralstoffhaltige Zusatzkost. Es lassen sich damit köstliche Rohkostsalate zubereiten, meist aber werden sie als ergänzende und würzende Beimischung zu Gartengemüse, selbst in kleinen Mengen, bevorzugt. Besonders für Rohkost und Salate nimmt man jüngere Blätter, denn ältere sind häufig rau und hartfaserig und deshalb besser zum Schmoren und Kochen geeignet. Beim Zubereiten sollte man Salz und Essig nur sehr sparsam einsetzen, um den Eigengeschmack der Kräuter nicht zu überdecken.

Zur Behandlung der legendären Frühjahrsmüdigkeit in der zweiten Winterhälfte werden vitamin- und mineralstoffreiche Wildkräuter als Rohkost oder Presssaft empfohlen und zwar am besten in Mischung von mildwürzigem Löwenzahn mit Gänseblümchen, Hirtentäschel, Bärlauch und Wegwarte.

NÜTZLICHE BEGLEITFLORA IM KRÄUTERGARTEN

Name	Erntegut	Verwendung
Schafgarbe *Achillea millefolia*	junge Blätter (aromatischer Geschmack)	Suppen, Kräuterbutter
Giersch *Aegopodium podagraria*	Blätter vor der Blüte	Spinat-Gemüse, Kräuterwürze
Gänseblümchen *Bellis perennis*	junge Blätter und Blütenknopsen	junge Blätter für Salate, Gemüse; Blütenknospen mariniert als Gewürz
Hirtentäschel *Capsella bursa-pastoris*	junge Blätter (mild-würziger Geschmack)	Salate, Gemüse
Guter Heinrich *Chaenopodium bonus-henricus*	junge Blätter	Suppen, Gemüse
Wegwarte *Cichorium intybus*	junge Blätter und Wurzeln	junge Blätter für Gemüse, Salate; Wurzeln geröstet als Kaffee-Ersatz
Vogelmiere *Stellaria media*	junge Triebe (milder Geschmack)	Suppen, Gemüse, Salate
Löwenzahn *Taraxacum officinalis*	Verwendung vor der Blüte	herzhafte Salate, Diabetiker-Diät
Brennnessel *Urtica dioica*	junge Triebe und Blätter	Spinatgemüse, Kräutersuppen
Rapunzel *Valerianella locusta*	junge Blätter	meist roh als Salat (Ackersalat, Feldsalat)

Pflegekalender

Januar

- Weitere Aussaaten für Keimsprossen-Kulturen vornehmen.
- Saatgut, Jungpflanzen und Hilfsmittel bestellen.
- Keimprobe von überlagertem Saatgut durchführen.

Februar

- Schalen- oder Kistenaussaaten zur Vorkultur von Jungpflanzen auf der Fensterbank, im Mini-Gewächshaus oder Wintergarten.
- Vorhandene Frühbeete für erste Aussaaten, beispielsweise mit Kresse, Senf und Rucola, herrichten.
- Bei milder Witterung und ungefrorenem Boden gelochte Flachfolien oder Vliese zur Ernteverfrühung auflegen, zuvor Mulchdecke entfernen.
- Für die Neuanlage einer Kräuterspirale und von Kräuterhoch- und -hügelbeeten den Grundaufbau erstellen.

März

- Schutzmaterialien von den überwinterten Kräuterkulturen wegräumen, damit sich der Boden leichter erwärmen kann.
- Rückschnitt verholzter Kräuter und Entfernen abgestorbener Staudenteile.
- Aussaaten unter Glas für die geschützten Vorkulturen Paprika, Dill, Basilikum, Portulak, Majoran und Schnittsellerie.
- Erste Reihenaussaaten ins Freiland von Breitblättriger Gartenkresse, Senf, Rucola und Borretsch.
- Steckzwiebeln und Knoblauch ausbringen.
- Vor dem Pflanzen mehrjähriger Kräuter den Boden mit Kompost und Steinmehl verbessern.

April

- Direkt-Aussaaten von mehrjährigen Kräuterarten.
- Pflanzzeit für die Kräutergärten-Neuanlagen.
- Kübel, Tröge, Schalen und Ampeln herrichten und bepflanzen oder in neue Erde umtopfen.
- Beste Zeit für eigene Vermehrung der mehrjährigen Kräuter durch Teilung (Liebstöckel, Melisse), Stecklinge (Salbei, Rosmarin), Stolonen (Minze), Absenker (Thymian), Ausläufer (Estragon), Fechser (Meerrettich).
- Achtung! Besonders unter Folien und Vliesen Schäden durch Nacktschnecken. Rechtzeitig biotechnische Maßnahmen veranlassen.

Mai

- Aussaaten kälteempfindlicher Kräuterarten wie Basilikum, Majoran, Kapuzinerkresse und Bohnenkraut an geschützten Stellen.
- Folgesätze von Kresse, Rucola und Senf aussäen.
- Nach Bodenerwärmung Sommermulch mit 2 bis 4 cm starker Schicht ausbringen. Vorher die obere Bodenschicht mit Sauzahn auflockern.

Juni

- Hacken, Unkrautbekämpfung, Düngen, Pflanzenschutz.
- Bei Sauerampfer, Pimpinelle und Liebstöckel wiederholt Blütenstände ausbrechen.
- Meerrettich kann man aufgraben und Seitenwurzeln abreiben, um lange, glatte Stangen zu erzwingen.
- Kräuter durch Trocknen, Einfrieren und Einlegen in Essig und Öl haltbar machen.

Juli

- Nur bei anhaltender Trockenheit ist zusätzliches Bewässern richtig.
- Wiederholtes Nachmulchen wirkt Wasser sparend und fördert die Bodenfruchtbarkeit.
- Bei Stickstoffmangel, erkennbar an schwächli-

chem Wuchs und gelbgrünen Blättern, helfen
flüssige Kopfdüngungen mit Kräuter- und Kompostauszügen.

- Treten Mehltau und Rostkrankheiten bei Minze, Melisse und Pimpinelle auf, müssen diese kräftig zurückgeschnitten werden.
- Erntezeit für Samenstände von Anis, Koriander, Kümmel und Dill.

AUGUST

- Direkt-Aussaaten in Reihen der zweijährigen Kräuterarten Kümmel, Löffelkraut, Petersilie und Barbarakraut.
- Für Frischernten von Herbst bis Winter weitere Folge-Aussaaten von Kresse, Kerbel, Dill, Bohnenkraut und Rucola durchführen.
- Haupterntemonat für Kräuter zum Konservieren.
- Gründüngungs-Einsaaten mit Phazelia, Senf oder Ölrettich zur Vorbereitung nächstjähriger Neuanlagen.

SEPTEMBER

- Kräftig entwickelte Jungpflanzen von Blatt-Petersilie, auch von Dill und Kerbel eintopfen.
- Von Knoblauch jetzt die Zehen in Reihenabständen von 15 bis 20 cm stecken.
- Schnittlauchballen für die Wintertreiberei ausgraben, auf den Beeten liegen lassen sowie antrocknen und einziehen lassen.
- Bei anhaltend kühler Witterung empfindliche Kulturen durch Übertunneln schützen.

OKTOBER

- Noch vor den ersten Frösten alle kälteempfindlichen Kräuter ernten, aufbereiten und verwerten.
- Ausgepflanzte, frostunverträgliche Pflanzen in Töpfe und Kübel pflanzen, vor Frosteinbruch in die Winterquartiere stellen.
- Ältere Wurzelstöcke ausdauernder Kräuterarten kann man teilen und in mit Kompost verbesserten Boden umpflanzen.

- Für Neuanlagen bereits jetzt mehrjährige Kräuterarten pflanzen (Deckschutz im ersten Standjahr notwendig).

NOVEMBER

- Wurzelkräuter ernten, aufbereiten und lagern.
- Einzelne Petersilienwurzeln eintopfen und zur Winterernte antreiben.
- Kräuter maßvoll zurückschneiden.
- Empfindliche Kübelpflanzen müssen jetzt in die Schutzräume.
- Ersten Schnittlauch zum Treiben aufstellen.
- Die frei gewordenen Teilflächen der einjährigen Kräuterarten umgraben.

DEZEMBER

- Mit Keimsprossen-Kulturen beginnen und Folgesaaten durchführen.
- Für würziges Knoblauch-Grün Knoblauchzehen in Töpfe einpflanzen und bei Zimmertemperatur am Fenster aufstellen.
- Aus geschützten Kulturen kann man oft bis Weihnachten noch Rucola, Senf, Schnittsellerie und Petersilie ernten, Löffelkraut den ganzen Winter über.

Frostempfindliche Kräuter, wie Frucht-Salbei (Salvia elegans) müssen hell und frostfrei überwintert werden.

Ernte und Verwendung

Ernte

Ganzjährig stehen uns Kräuter für die Verwendung in der Küche zur Verfügung. Damit wir die Fülle der Aromen aber auch voll genießen können, müssen wir richtige Erntezeiten und schonende Aufbereitungen beachten.

Für frisches Kräutergrün beginnt das Erntejahr bereits im Frühjahr nach dem Austrieb. Wird nämlich bei zu dichten Saaten das Vereinzeln in den Reihen erforderlich, nehmen wir schon die jungen Pflänzchen zum Würzen. Frischkräuter waschen wir nach der Ernte rasch, aber dennoch behutsam, unter fließendem Wasser und schütteln sie kräftig ab, ehe sie verwendet werden.

> **EXPERTEN-TIPP**
>
> Ernten Sie Blatt- und Blütenkräuter, die Sie später konservieren möchten, nicht bei regnerischem Wetter. Ihr Erntegut dankt dies letztlich mit besserer Qualität und Haltbarkeit: äußerlich unverkennbar an Farbe und Wohlgeruch.

BLATT- UND BLÜTENKRÄUTER

Als günstigster Erntetermin für aromatische Blattkräuter gilt die Zeit kurz vor der Blüte. Jetzt ist die Krautmasse voll ausgebildet und die Pflanze noch nicht durch Blüten- und Samenbildung geschwächt. Blütenernten sollten in der Vollblüte erfolgen.

Den höchsten Gehalt an ätherischen Ölen haben die Kräuter nach einer Periode von einigen trockenen Tagen.

Die beste Tageszeit für die Ernte ist der frühe Vormittag, auch noch die Mittagsstunden, sobald die Pflanzen tautrocken sind.

Der Rückschnitt darf nur so tief erfolgen, dass noch genügend gesunde

Die Kräuterernte hat begonnen. Beim Ernteschnitt ist darauf zu achten, dass genügend Blätter und Triebe für einen Neuaustrieb verbleiben.

Schneiden Sie Kräuter zum Konservieren nur an trockenen Tagen, um bestmögliche Qualität, Farbe, Geruch und Haltbarkeit zu gewährleisten.

Blätter verbleiben, um einen neuen Austrieb zu ermöglichen. Vergilbte, faulende und vertrocknete Pflanzenteile sind aus dem flach ausgebreiteten Erntegut zu entfernen.

SAMENKRÄUTER

Kurz vor der Dreschreife haben die Kräutersamen ihre volle Würzkraft erreicht und werden möglichst erst jetzt geschnitten. Um größere Körnerverluste durch Abfallen zu vermeiden, sollte dies taufrisch am frühen Morgen geschehen. Auf Tüchern ausgebreitet, werden die Samen anschließend an der Sonne getrocknet, gedroschen, gereinigt und eingelagert.

WURZELKRÄUTER

Die Wurzeln werden nach Abschluss der Vegetation, meist erst im Spätherbst, aber noch vor stärkeren Bodenfrösten, ausgegraben und bis zum laufenden Verbrauch frostgeschützt im Sand- oder Erdeinschlag gelagert. Seltener, aber ebenso möglich, ist die Überwinterung im Freien und Beerntung im Frühjahr. Schnittlauchballen werden auch im Herbst bereits ausgegraben. Man lässt sie durchfrieren und holt die

Ballen satzweise nach Bedarf zum Antreiben (bei etwa 20 °C) nach drinnen.

Speisezwiebeln, ausgereift und trocken geerntet, bündelt man oder flechtet sie in attraktiven Zöpfen zum Aufhängen. Sie werden trocken gelagert.

Frisch geerntete Minze

Kräuter haltbar machen

Das Erntegut von Blatt- und Blütenkräutern wird in kleinen Bündeln kopfüber aufgehängt oder in flachen Lagen auf Horden getrocknet, allerdings nicht in direkter Sonne.

Aus der überreichen Kräuterfülle der Sommermonate können wir größere Teilmengen der geernteten Kräuter mit möglichst schonenden Verfahren für den späteren Bedarf, vor allem während der Wintermonate, konservieren.

TROCKNEN

Das Trocknen ist die älteste Methode und auch noch immer am weitesten verbreitet.

Die Trocknung der Kräuter darf, abgesehen von Samenkräutern, nicht in direkter Sonne erfolgen. Entweder wird das Schnittgut gebündelt und kopfunter in einem luftigen Schuppen aufgehängt oder auf Horden getrocknet. Bewährt haben sich mit Fliegengitter bespannte Trockenrahmen. Um Aromaverluste zu vermeiden, sollte sich der Trocknungsprozess nicht über zu lange Zeit verzögern. Bei anhaltend feucht-kühler Witterung ist deshalb zusätzliches Nachtrocknen im Backofen oder einem Elektrotrockner erforderlich. Die Temperaturen dürfen hierbei 35 bis 40 °C nicht übersteigen.

Geschickte Bastler können sich ohne übergroßen Aufwand einen eigenen Solartrockner mit Hordensystem bauen. Damit lassen sich ohne Heizkosten höchste Qualitäten bei guter Farberhaltung des Trockengutes erzielen und zur Auslastung solcher Systeme auch Teekräuter, Pilze und Früchte trocken konservieren.

LAGERUNG DER GETROCKNETEN KRÄUTER

Wenn die Blätter beim Anfassen rascheln und die Stängel leicht brechen, wird das Blattgut mit kreisender Handbewegung durch ein grobes Sieb getrieben und dadurch weiter zerkleinert. Es ist jetzt geeignet zum Abfüllen und Aufbewahren in luftdichten Behältern aus dunklem Glas oder in Weißblechdosen. Trockenkräuter in Schraubgläsern mit durchsichtigem Glas sollten Sie dunkel in Vorratsschränken aufbewahren.

Getrocknete Würzkräuter verlieren trotz sorgfältiger Behandlung an Aroma, Würzkraft und an Aussehen und sollten deshalb jährlich erneuert werden.

Kräutertrocknung als Dekoration

Die getrockneten Kräuter werden luftdicht verschlossen und dunkel aufbewahrt, zum Beispiel in Weißblechdosen oder Gläsern. Vor der Einlagerung werden sie noch zerkleinert.

53

Praktisch: portionsweise eingefrorene Kräuter

EINFRIEREN

Wer eine Tiefkühltruhe besitzt, kann das ideale Verfahren des Einfrierens nutzen.

Besonders für Würzkräuter mit zartem Blattwerk und zur Erhaltung der empfindlichen Aromen, wie bei Basilikum, Pimpinelle, Dill und Bärlauch, wird das Einfrieren gerne anderen Methoden der Haltbarmachung vorgezogen.

Dazu sollte man die frisch geschnittenen Würzkräuter waschen und sorgfältig zwischen Tüchern abtrocknen.

Die Weiterverarbeitung kann nach verschiedenen Verfahren erfolgen:

▸ Kräuter grob zerkleinern und in Eiswürfelschalen oder Würfelgitter mit Wasser einfrieren. Die gefrorenen Würfel lassen sich dann in Gefrierdosen praktisch aufbewahren;

▸ portionsweise in Alu-Folie einfrieren, zum Beispiel Petersilie, und erst vor dem Gebrauch in gefrorenem Zustand in der Folie zerdrücken;

▸ nicht zerkleinert in doppelten Folienbeuteln vorgefrieren, herausnehmen und schnell mit dem Wellholz zerkleinern, in vorgekühlte Gefrierdosen füllen und in die Tiefkühltruhe zurückgeben.

Selbstverständlich kann man auch Würzkräuter im eigenen küchenbewährten, oft gebrauchten Gemisch, beispielsweise in Form von Petersilie, Estragon und Schnittlauch, in kleinen Mengen zusammengepackt, einfrieren.

Achtung: Nach dem Auftauen sind die Kräuter immer rasch zu verwerten, bevor sie weich, wässrig und weniger würzkräftig werden. Einmal aufgetaute Gefrierkräuter nicht wieder einfrieren!

ESSBARE BLÜTEN

Auch die Blüten vieler Würzpflanzen sind essbar. Sie können sie ernten und vielfältig verwenden, solange sie im jungen Zustand nicht faserig, scharf oder bitter schmecken. Essbar sind die Blüten von Schnittlauch, Borretsch, Kapuziner- und Gartenkresse, Basilikum, Bohnenkraut, Kerbel, Oregano und Ysop, aber auch von Königskerze, Veilchen und Ringelblume. Diese Kräuterblüten sind eine Freude für das Auge und ein Genuss für den Gaumen – gerne verwendet zum Garnieren der Speisen. Schließlich können auch süße Blüten, die durch Kandieren und Verzuckern haltbar gemacht wurden, als Nachtisch oder Eiswürfel-Blüten zur Dekoration von Kaltschalen oder Drinks verwendet werden.

Haltbarmachung durch Einsalzen: Die geschnittenen Küchenkräuter werden lagenweise mit Salz in Gläser oder irdene Gefäße geschichtet. Diese werden fest verschlossen und dunkel aufbewahrt. Spülen Sie die Salzkruste vor dem Verwenden ab.

EINSALZEN

Schneiden Sie vor dem Einsalzen die frischen Kräuter fein. Schichten Sie sie anschließend mit 200 g Salz je 1 kg Schnittgut lagenweise oder als bewährte Mischungen in Gläser oder irdene Töpfe ein, die Sie gut verschlossen, kühl und dunkel aufbewahren. Beim Würzen mit Salzkräutern wird die Salzkruste vor Gebrauch abgewaschen. Zum längeren Lagern kann man sich mit einem ausgewählten Gemisch trockener Kräuter und Salz auch eigene fertige Streumischungen bereiten, die vielfäl-tig in der Küche eingesetzt werden können und zu Suppen, Kartoffelgerichten sowie anderen Speisen passen. Dieses Kräuterwürzsalz kann beispielsweise aus einer Mischung gemahlener Kräuter – Estragon, Petersilie, Lauch, etwas Salbei und Zwiebeln – mit Salz bestehen.

KONSERVIERUNGSARTEN

Verfahren	Geeignete Kräuterarten
Trocknen	Anis, Basilikum, Bohnenkraut, Dill, Estragon, Fenchel, Koriander, Kümmel, Liebstöckel, Lorbeerblätter, Majoran, Minze, Oregano, Petersilie, Rosmarin, Salbei, Thymian, Wacholderbeeren, Waldmeister, Wermut, Ysop, Zitronenmelisse, Zwiebeln
Einfrieren	Bärlauch, Basilikum, Bohnenkräuter, Dill, Estragon, Kerbel, Liebstöckel, Petersilie, Pimpinelle, Schnittlauch, Thymian, Zitronenmelisse
Einsalzen	Lauch, Liebstöckel, Majoran, Blatt- und Wurzel-Petersilie, Schnittlauch, Schnitt-Sellerie

Würzkräuter in Essig und Öl

Mit Essig und Öl wurden seit Menschengedenken aus Kräutern Duft-, Geschmacks- und Wirkstoffe herausgelöst, weil die Verfahren der Extraktion recht einfach und Essige sowie Öle meist hinreichend verfügbar waren. Es ist deshalb auch mehr als verständlich, dass schon bald aromatische Würzessige und -öle unverzichtbar für die Speisezubereitungen aller nationalen Küchen geworden sind.

KRÄUTER IN ÖL

Die ätherischen Öle in unseren Kräutern sind in den zugefügten fetten Ölen löslich und deshalb extrahierbar. Solche Kräuteröle haben nicht nur Bedeutung als Würzöle für Speisezubereitungen, sondern dienen auch vortrefflich als Massage- sowie Badeöle und zur natürlichen Schönheitspflege.

Für die Zubereitung nehmen wir bevorzugt Sonnenblumen- oder Olivenöl, kalt geschlagen und ein bis zwei Hand voll Kräuter (für 500 ml Würzöl). Die Kräuter werden nach dem Ernten, gewaschen, abgetrocknet, fein geschnitten oder püriert und einzeln oder als

Mit guten Ölen werden die Geschmacks- und Wirkstoffe auf einfache Weise aus den Kräutern extrahiert.

Abgefüllt in attraktive Flaschen sind hochwertige, selbst hergestellte Würzessige ein beliebtes Geschenk.

BEVORZUGTE VERWENDUNG DER WÜRZESSIGE

Kräuteressig	Verwendung
Würzessig allgemein	zum Einlegen von Gurken, Zwiebeln, Eiern
Estragon-Essig	vielseitig, besonders für Geflügelsalate
Knoblauch-Essig	Salat-Marinaden
Zitronen-Thymian-Essig	Mayonnaisen
Basilikum-Essig	Tomaten, Grillsoßen
Dill-Essig	Rot- und Weißkraut
Roter Majoran-Essig	Kartoffelsuppen
Roter Rosmarin-Essig	Wild und Lamm
Fenchel-Essig	Fischgerichte
Melissen-Apfelessig	erfrischende Longdrinks

Mischung in die Ansetzflaschen gegeben. Anschließend gießt man das Öl darüber und lässt die Flaschen an sonnigen Standorten mehrere Wochen durchziehen. Schütteln Sie die Öle in dieser Zeit öfters durch. Nach dem Abseihen, und wenn das Aroma noch nicht genügt, können Sie die Öle nochmals mit Kräutern ansetzen. Übrigens: Wenn man den Kräuterölen erhitztes Bienenwachs oder Paraffin zugibt, entstehen daraus Heilsalben.

Beliebte Kräuterkombinationen für Würzöle sind Bohnenkraut mit Oregano, Rosmarin, Estragon, Salbei und Borretsch. Auch Basilikum, Dill und Lorbeerblätter können so konserviert werden. Zur Ergänzung können Sie die Kräuteröle noch mit Zwiebeln oder Knoblauch bestücken. Für Blütenöle werden gerne Salbei, Lavendel, Melisse, Thymian, Johanniskraut, Borretsch und Rosenblüten verwendet.

Würzöle dienen zur einfachen und schnellen Speisezubereitung. Im Basilikumöl bleibt das arttypische Aroma erhalten, Knoblauchöl würzt intensiv delikate Gerichte, und Blütenöle verfeinern erlesene Salate.

KRÄUTERESSIGE

Zur Herstellung eines Kräuteressigs nehmen wir entweder weißen Weinessig (gibt beste Klarheit), Rot-

wein- oder Apfelessig und benötigen wir verschließbare Gläser oder auch Schmuckflaschen.

Die frischen Kräuter werden gewaschen und abgetrocknet. Beim Befüllen werden immer erst die Kräuter und dann der Essig (500 ml für 250 ml Essig) in die Gefäße gegeben. Luftbläschen an den Kräutern verschwinden durch leichtes Schütteln. Bereits nach zwei bis drei Wochen hat der Essig den Geschmack der Kräuter angenommen und kann abgeseiht werden. Würzessige sind schneller hergestellt, wenn man den Weinessig bis zum Siedepunkt erhitzt und dann über die Kräuter gießt.

Ansprechend wirken Würzessigflaschen mit einigen eingelegten Kräutern, die im klaren Weinessig deutlich erkennbar bleiben. Selbst hergestellte Würzessige in dekorativen Schmuckflaschen sind besonders persönliche Mitbring-Geschenke.

Beliebte Kräuterkombinationen für Würzessige sind Estragon, Lorbeerblätter, Minzen und Basilikum oder Dill mit Pimpinelle und Basilikum. Für ein Kräuter-Salatöl à la Provence benötigen Sie: 1 l Olivenöl, das mit je 1 Esslöffel fein geschnittenem Knoblauch, Rosmarin, Thymian, Bohnenkraut und Majoran sowie 1 Teelöffel Pfefferkörner und etwas Salz angesetzt wird. Man lässt es 10 Tage an einem warmen Standort durchziehen, filtriert es und füllt es in dekorative Flaschen ab.

Würzessige mit eingelegten Kräuterzweigen

Kräuterrezepte

Appetitanregend und bekömmlich – Kräuter mit Brot, Quark und Frischkäse

Durch Würzen werden Nahrungsmittel zu Speisen und Delikatessen. Kochkunst begründet den guten Ruf nationaler und regionaler Küchen auf der Grundlage jahrzehntelanger Erfahrungen mit Kräuterwürzen. Kräuter animieren besonders im häuslichen Bereich zur täglichen Verwendung, wenn sie im eigenen Garten herangewachsen sind. Ihre würzigen Düfte lassen bereits beim Zubereiten und Kochen erwartungsvoll die Köstlichkeit der Speisen erahnen. Bei Kochgerichten müssen wir für möglichst schonende Behandlung Sorge tragen.

Am besten Kräuter frisch verzehren

Frische, grüne Kräuter duften nicht nur intensiver, sie schmecken auch arttypisch würziger. Abgesehen vom besseren Geschmack sind sie frisch am wertvollsten, weil ihre Zellen noch am Leben und die Vitalstoffe voll aktiv sind. Auch blühende Würzkräuter wie Schnittlauch, Senf- und Kresse-Arten, Kerbel, Borretsch und Bohnenkraut können im jungen Zustand, solange sie nicht faserig, scharf oder bitter schmecken, verzehrt werden.

Zu jedem Tag und zu allen kalten und warmen Mahlzeiten gehören würzende, frische Kräuter. Sie wirken appetitanregend, fördern die Bekömmlichkeit schwer verdaulicher Speisen, stärken Nerven und Immunsystem und unterstützen Genesungsvorgänge. Wichtig ist jedoch, dass Frischkräuter nicht nur fein geschnitten, sondern auch gründlich gekaut werden.

„Kräuter-Aufschnitt"

Für die kalten Mahlzeiten, also zum Frühstück, Vesper oder Abendbrot, werden die Frischkräuter von Kressen, Senf, Rucola, Basilikum, Majoran, Schnittlauch-

und Knoblauchgrün einzeln oder in Mischung gern als „Kräuter-Aufschnitt" gereicht.

Brett-Kräuter sind frische, klein geschnittene Kräuter, die auf einem Brett für Butter- und Schmalzbrote angeboten werden. Mit der bestrichenen Brotseite stupft man die Kräuter einfach vom Brett ab.

KRÄUTERQUARK

Besonders beliebt ist würziger Kräuterquark. Für die Zubereitung mischt man 500 g Magerquark mit 250 g Sahnequark und etwas Mineralwasser. Diesem nunmehr rührfähigen Quark werden nach Belieben folgende fein geschnittene Kräuter zugefügt: Schnittlauch und Knoblauchgrün, Petersilie, Kresse, Pimpinelle, Basilikum, Dill, auch etwas Borretsch, Majoran, Estragon, Kerbel und Eberraute. Garniert wird das Ganze mit etwas Petersiliengrün und Blüten der Kapuzinerkresse.

Frisch geerntete und gewaschene Küchenkräuter – fertig zum Zerkleinern und Würzen. Unter anderem Sauerampfer, Salbei, Liebstöckel, Rosmarin, Kerbel, Oregano, Thymian, Estragon, Schnittlauch, Petersilie, und Estragon.

Bunter Salat, dekoriert mit essbaren Blüten von Borretsch und Kapuzinerkresse.

Nudeln mit Basilikum-Pesto. Anstelle von Basilikum lassen sich auch gut Bärlauch oder Rucola verwenden.

GRÜNE KRÄUTERBUTTER

Grüne Kräuterbutter entsteht aus ungesalzener, zimmerwarmer Butter oder Pflanzenmargarine. 250 g Butter werden mit 2 Teelöffeln Zitronensaft und einer Hand voll frischer, geschnittener Kräuter, nämlich mit Petersilie, Dill, Kerbel, Schnittlauch und Knoblauchgrün, Basilikum, Pimpinelle, Sauerampfer und etwas Borretsch, cremig gerührt. Die Zugabe von 2 bis 3 Esslöffeln Quark macht die Kräuterbutter noch streichfähiger.

Kräuterbutter können Sie auch zum Verfeinern anderer Speisen verwenden.

KNOBLAUCH-PASTE

Mit dieser Paste verfeinern Sie jedes Brot. Sie wird zubereitet, indem man 250 g Butter mit etwa 100 g Kräutern, zum Beispiel fein gehackter Petersilie und Schnittlauch, 10 Knoblauchzehen und etwas Salz intensiv verrührt. Dann schneidet man Stangenweißbrot scheibenweise an, bestreicht es beidseitig mit Knoblauchpaste, drückt die Scheiben wieder zusammen und wickelt das ganze Brot in Alufolie ein.

Das Brot wird im Backofen ungefähr 5 Minuten lang bei 200 °C gebacken.

AIOLI – DIE KNOBLAUCH-PASTE SÜDLICHER LÄNDER

Man isst sie auf Weißbrot oder bietet sie auch zu Fleisch- und Fischspeisen an. Aioli lässt sich ganz einfach selbst herstellen – mit einer Mischung aus zerriebenem Knoblauch oder Knoblauchpresssaft, Eigelb und Olivenöl.

Bärlauch-Paste

Von ihrer feinen Knoblauchnote sind Feinschmecker ganz besonders überzeugt. Zubereitet wird sie aus frischen Bärlauchblättern mit Olivenöl und etwas Salz. Das Ganze wird im Mixer püriert und anschließend nach Belieben mit Parmesankäse verfeinert.

Pesto, die Basilikum-Sosse

Pesto oder Piston – diese italienische Soße ist als Zugabe für Spaghetti, Ravioli, Mozzarella und Tomaten auch in unseren Küchen immer mehr verbreitet. Pesto-Zutaten sind frische Basilikumblätter, Knoblauch, Olivenöl und Parmesankäse, die man mit dem Handrührgerät cremig schlägt.

Griechische Kräuter-Käsesosse

Diese Kräuter-Käsesoße wird in Griechenland zu Paprika, Auberginen, Zucchini und Tomaten angeboten und besteht aus Schafskäse, der fein zerkrümelt und mit Olivenöl, Zitronensaft und den Kräutern Petersilie, Knoblauch und etwas Thymian angerührt wird. Statt Pfeffer gibt man nach eigenem Belieben Basilikum, Kümmel und Bohnenkraut hinzu.

Sieben-Kräuterkäse

Alle Käsearten lassen sich mit Würzkräutern vorteilhaft kombinieren, Weichkäse ist allerdings besonders geeignet. Für unseren Sieben-Kräuterkäse sind reichlich Petersilie, Kerbel, Thymian und Schnittlauch empfohlen, zudem, allerdings geringer dosiert, Bohnenkraut, Estragon und Salbei. Durch einen Schuss Sherry erreichen wir eine besondere Geschmacksnote und, mit blauen Borretschblüten garniert, auch ein wunderschönes Aussehen.

Saltimbocca (wörtlich „Spring in den Mund") – eine italienische Spezialität: Gebratenes Kalbfleisch mit Parmaschinken und Salbei.

VEGETARISCHES KRÄUTERSCHMALZ

Das Grundrezept lässt sich wie folgt variieren: Für 500 g Kokosfett werden 15 bis 20 Esslöffel kalt gepresstes Leinöl, 2 größere Zwiebeln und 2 bis 3 Äpfel benötigt.

Die geschnittenen Zwiebeln brät man mit etwas Kokosfett glasig, erhitzt danach das gesamte Kokosfett und lässt darin die geraspelten Äpfel kurz aufkochen. Nun werden die fein geschnittenen Kräuter von Majoran, Rosmarin, Salbei, Knoblauch, etwas Ysop und Thymian, Salz, Pfeffer und das Leinöl beigefügt, gut durchgerührt und in Steinguttöpfe oder Gläser abgefüllt; darin erkaltet das Schmalz.

KRÄUTER-DIPS

Kräuter-Dips sind nicht nur für Partys, sondern auch allgemein für Mahlzeiten des Alltags beliebter geworden. Sie lassen sich mit aromatischen Kräutern als beliebige Mischungen leicht herstellen. Zu 500 g Quark geben wir einen halben Becher Sahne, rühren mit etwas heißem Wasser eine cremige Masse an, fügen die klein geschnittenen Kräuter, nämlich Basilikum, Dill, Knoblauchgrün, Kresse, Portulak und zwei gehäutete Tomaten hinzu, mixen alles und schmecken den Dip mit den Grundgewürzen sowie Paprika und Kräuteressig ab.

GRÜNE SOSSE

Über die Landesgrenzen hinaus ist inzwischen die hessische Grüne Soße als besonders wertvolles Gericht bekannt geworden.

Für vier Personen werden etwa 200 g der sieben frisch geernteten Kräuterarten Petersilie, Kerbel, Schnittlauch, Gartenkresse, Borretsch, Sauerampfer und Pimpinelle gewaschen, abgetrocknet, zerkleinert, mit Joghurt, Quark oder saurer Sahne cremig geschlagen

Petersiliensoße: etwas Semmelmehl in Butter anrösten, möglichst junge Petersilie (gewaschen, kurz überbrüht, grob gehackt) zugeben, mit Brühe aufgießen und 10 bis 15 Minuten köcheln lassen – passt gut zu Fisch und gekochtem Rindfleisch.

und etwas Zitronensaft, Salz, Pfeffer, Zucker und Senf ergänzt. Die Grüne Soße, garniert mit frischen Kräutern, wird mit gekochten, halbierten Eiern zu Kartoffeln, kaltem Fleisch oder Fisch und Toast serviert.

Italienische „Grüne Sosse" – Salsa verde

Die italienische Grüne Soße oder Salsa verde wird ähnlich wie die hessische Grüne Soße hergestellt. Man verwendet hierfür fein gehacktes Basilikum, Knoblauch, Thymian, Petersilie und Zwiebeln und verfeinert alles mit Olivenöl.

Kräutersuppe

Für alle Arten von Kräutersuppen dünstet man zuerst einige geschnittene Zwiebeln glasig, fügt die selbst gewählte Mischung geschnittener Kräuter, zum Beispiel Petersilie, Kerbel, Sauerampfer, Pimpinelle, Majoran, Tripmadam, etwas Liebstöckel, Bohnenkraut und Knoblauch, hinzu, lässt alles schonend aufkochen, püriert mit dem Rührstab und ergänzt mit etwas Sahne.

Experten-Tipp

Erfrischend ist der Genuss von Kräutermilch oder -buttermilch als Kaltgetränk. Für die Zubereitung nehmen wir für 1 l Milch, 4 bis 5 Esslöffel Borretsch, Dill, Estragon, Kerbel, Petersilie, etwas Sellerieblätter und Tripmadam. Alles wird gemixt und gekühlt serviert.

Fladenbrot und Kräuterbrötchen

Für Fladenbrot und Kräuterbrötchen werden dem Teig die folgenden Würzkräuter beigefügt: Fenchel, Koriander, Kümmel, Lein- und Mohnsamen, Rosmarin, Thymian sowie für Fein-Backwaren Anis und Waldmeister.

Werden noch Basilikum und Knoblauch ergänzt, lässt sich mit dem Teig eine Kräuterpizza zubereiten.

Kalte Gurken-Borretsch-Suppe mit essbaren Borretschblüten als Dekoration

Delikatesse Huhn mit Rosmarin. Würzkräuter fördern die Verdauung und Bekömmlichkeit aller Fleischspeisen.

KRÄUTER-FRIKADELLEN

Zu 250 g frischen, fein geschnittenen, weich gedünsteten Kräutern, zum Beispiel Pimpinelle, Petersilie, Senf, Tripmadam, Sauerampfer und etwas Bohnenkraut, geben wir 5 gekochte und zerdrückte Kartoffeln, mischen 2 Eier, 2 Esslöffel Mehl, Salz und Pfeffer unter, formen Frikadellen, wenden sie in Paniermehl und braten sie krustig braun.

VOM KRÄUTERN DER WÜRSTE

Erst durch richtiges Würzen erhalten wir den markanten gerühmten Wurstgeschmack, Appetitanregung und Förderung der Verdauung. Für die Herstellung eigener Wurstwaren haben sich folgende Kräuter bewährt:

Majoran, Thymian (Kochwurst), Knoblauch, Senfkörner, Zwiebeln (Dauerwurst), Basilikum, Bohnenkraut,

KRÄUTER-GELEES UND -MARMELADEN

Sie entstehen, wenn aromatische Kräuter, wie Minze-Arten, Rosmarin, Basilikum, Salbei oder Estragon vor dem Kochen der Grundmasse, beispielsweise aus Äpfeln, zugesetzt werden. Oder man fügt die Kräuter als Kräutertee anstelle der empfohlenen Wassermenge zu.
Legen wir vor dem Abfüllen zusätzlich noch einige Kräuter in die Gläser und gießen die heiße Masse darüber, bleiben sie im klaren Gelee erkennbar erhalten.

Empfehlenswerte Kombinationen sind:
▸ Thymian zu Trauben und Holunder
▸ Majoran und Rosmarin zu Orangen oder Grapefruits
▸ Minzen zu Stachelbeeren

Gelees in verschiedenen Farben mit eingelegten Kräutern wirken ungewöhnlich dekorativ, bereichern die Speisekarte, sind aber auch für persönliche Geschenke besonders geeignet.

Majoran, gedünstete Zwiebeln (Leberwurst), Senfkörner, etwas Salbei, Kümmel (Fleischwurst), Majoran, Thymian, Zwiebeln (Blutwurst) und zum Einpökeln von Fleisch Rosmarin.

KÜCHENFERTIGE KRÄUTERMISCHUNGEN

Gekonntes Mischen der Würzkräuter ergibt vortreffliche Fertigwürzmischungen.

Für eine Gewürzmischung zu Pizza, Risotto, Spaghetti, aber auch zu Fleischgerichten werden zu gleichen Teilen Oregano, Thymian, Rosmarin, Salbei und Basilikum gemischt, im Mörser zerrieben und etwas Pfeffer zugegeben.

„Fines herbes" ist die Bezeichnung für die traditionelle französische Mischung aus sieben getrockneten Würzkräutern: Basilikum, Bohnenkraut, Kerbel, Majoran, Petersilie, Rosmarin und Schnittlauch. Diese Mischung kann man individuell durch unterschiedliche Mengen der einzelnen Kräuter variieren. Im Mörser fein zerstoßen, eignet sie sich für alle Fleischspeisen, Gemüse, Salate und Soßen.

Auch Gewürzsalz können wir selbst herstellen durch Mischen getrockneter, fein gemahlener Kräuter von Estragon, Petersilie, Lauch, Salbei und Zwiebeln mit Kochsalz. Mischungen von Basilikum und Bohnenkraut zu gleichen Teilen und Zusatz von Rosmarin können als Pfefferersatz dienen. Gewürzsalze sollten stets in offenen Behältern kühl aufbewahrt werden!

Etwas Besonderes: Bärlauch-Pizza. Klassische Pizza-Gewürze sind Oregano, Knoblauch, Zwiebeln und Bohnenkraut.

Kräuter für Tisch und Haus

Mit einem Kranz oder Strauß aus duftenden Kräutern geflochten verleiht man der Wohnung oder der Festtafel eine ganz persönliche Note.

Mit würzig duftenden Kräutern zu Sträußen, Kränzen und Girlanden gebunden, wird immer eine schöne Dekoration gelingen. Wie vielfältig ist doch das Angebot der Sommer-Potpourris mit Blüten und Ranken in wassergefüllten Schalen. Oder man dekoriert den Tisch mit kräuterumrankten Kerzenleuchtern und mit Duftsträußchen oder die Wände mit Kränzen aus Blüten-, Frucht- und Samenständen aus dem eigenen Kräutergarten.

Im Schlafzimmer können Sie unbedenklich auch mit kleinen Gebinden von Eberraute, Fenchel, Lavendel und Thymian angenehme Raumluft erreichen und dadurch Wohlbefinden und besseren Schlaf fördern.

KRÄUTER IM HAUSHALT GEGEN INSEKTEN

Mit Kräutern Insekten abzuwehren ist eine natürliche Maßnahme ohne Nebenwirkungen. So können einige Zweige der Eberraute unter den Teppichen vor schlimmen Schäden durch Teppich-Motten bewahren.

Majoran hilft gegen lästige Ameisenbesuche, Lavendel zwischen Wäsche wehrt nicht nur Kleider-Motten ab, sondern verleiht den Textilien zudem einen angenehmen Duft und Polei-Minze wirkt vor allem gegen Mücken und Fliegenplagen.

Die direkte insektizide Wirkung der Kräuterarten mit ätherischen Ölen gegen Larvenstadien, wie zum Beispiel gegen Flohlarven und Motteneier, ist zwar oft relativ gering, dagegen bleiben die abschreckenden Effekte gegen die erwachsenen Insekten unbestritten. Nachhaltig sind die Erfolge der Bekämpfung mit Kräutern, wenn sie durch Hygiene-Maßnahmen, wie Staubsaugen, Auslüften, Ausklopfen, Waschen, Dampfreinigen, Shamponieren und Beseitigen eventueller Schlupfspalten, begleitend unterstützt werden.

Lavendel findet man in vielen Kosmetik-Produkten, wie zum Beispiel Badezusätzen oder Gesichtswasser. Er hat eine entspannende und reinigende Wirkung.

Porträts von A bis Z

Knoblauch
Allium sativum

Schnittlauch
Allium schoenoprasum

Beschreibung: Hauptzwiebel mit Zehen; aus den Blütenständen können sich Brutzwiebeln entwickeln. **Standort:** vollsonnig, humoser Boden. **Vermehrung:** durch Zehen im Herbst oder März/April. **Ernte:** Knoblauchgrün frisch (wie Schnittlauch); Zwiebeln hängt man nach dem Bräunen des Laubes zum Nachtrocknen in Büscheln auf. **Verwendung:** zu Rohkost, Salaten, Quark, Wurst, Suppen, Gemüse. **Wirkung:** verdauungsfördernd, darmdesinfizierend, galletreibend, blutdrucksenkend, gegen Bronchitis, vorbeugend gegen Alterserscheinungen. **Weitere Arten:** Rocambole (*Allium sativum* var. *ophioscordon*) – kleinere Form; Weinbergs-Knoblauch (*Allium vineal*) – kann im Kräutergarten dauerhaft verwildern.

Beschreibung: mehrjährig. **Standort:** sonnig bis halbschattig; kalkhaltiger, feuchter Boden. **Vermehrung:** Teilung im Herbst oder Reihen-Aussaat im Frühjahr; auch Zimmertreiberei in Töpfen. **Verwendung:** frisch geerntet (auch Knospen und junge Blüten sind essbar); fein geschnitten kann man ihn auch trocknen oder einfrieren; zu Rohkost, Grüner Soße, Salaten, Suppen, Quark, Eier- und Kartoffelgerichten. Nicht mitkochen! **Sortenbeispiele:** 'Grolau' – robust, länger haltbare Röhrenblätter, besonders zum Treiben geeignet.; 'Profusion' – wüchsig, ohne Samenbildung, Blüten bleiben länger zart; 'Sibirischer Schnittlauch' – milder Geschmack, Brutzwiebeln statt Blüten; 'Forescate' – große, dunkelrote Blüten.

WEITERE *ALLIUM*-ARTEN

Die Gemeinen Küchenzwiebeln (*Allium cepa*) mit gelben, roten oder weißen Schalen, werden jährlich neu gesät oder wie Schalotten (*Allium ascalonicum*) durch Steckzwiebeln vermehrt. Neuerdings sind auch Schalotten durch Samen vermehrbar.

Von den ausdauernden Winterheckzwiebeln (*Al-*

lium fistulosum) verwendet man das frühzeitig im Jahr angebotene Schalottengrün und von den Luftzwiebeln (*Allium cepa* var. *viviparum*) zudem auch die würzigen Brutzwiebeln.

Auch Lauch (*Allium porrum*) mit Sommer-, Herbst- und frostfesten Wintersorten bringt reiche Ernten.

Bärlauch
Allium ursinum

Beschreibung: ausdauernde, heilkräftige Würzpflanze und Delikatesse; ganze Pflanze riecht intensiv nach Knoblauch (Erkennungsmerkmal). **Blüte:** weiß, von April bis Juni. **Standort:** halbschattig, humose Böden. **Vermehrung:** durch Aussaat im Frühjahr; eignet sich auch zum Verwildern. **Verwendung:** Junge Bärlauchblätter werden vor der Blüte geerntet und frisch, fein gehackt als Brotbelag und zum Würzen von Salaten, Soßen, Quark, Gemüsen, Nudel-, Reis- und Kartoffelgerichten verwendet. **Wirkung:** In der Naturheilkunde werden Bärlauch ähnliche Wirkungen wie Knoblauch zuerkannt. **Achtung:** Vorsicht beim Sammeln – Bärlauchblätter können mit den giftigen Maiglöckchen verwechselt werden!

Zitronenverbene, Zitronenstrauch
Aloysia triphylla

Beschreibung: ausdauernder, aber frostempfindlicher Strauch; bis zu 2,0 m hoch. **Blüte:** Rispen mit kleinen weißen Blüten im Sommer. **Standort:** sonnig; als Kübelpflanze, im Sommer auch ausgepflanzt; keine besonderen Standortansprüche; nicht frosthart. **Pflege:** im Frühjahr und Spätsommer zurückschneiden. **Vermehrung:** meist durch Stecklinge im Frühsommer, seltener durch Aussaat im Frühjahr. **Ernte:** Blätter oder ganze Triebe (Anregung von Neutrieben und Verzweigungen). **Verwendung:** fein geschnittene Blätter als beliebte Zutat für Süßspeisen sowie zum Aromatisieren von warmen und kalten Getränken, Gebäck und Konfitüren. **Besonderheit:** Blätter duften nach frischen Zitronen.

Rakkyo oder Japanische Lauchzwiebel (*Allium chinense*) ist für geschützte Winterkulturen und als Schnittlauchersatz geeignet.
Schnitt-Knoblauch, Knoblauch-Schnittlauch oder Knolau (*Allium tuberosum*) ist in milden Lagen mehrjährig. Ausgesät wird in Reihen im Frühjahr, auch das Teilen der Wurzelstöcke ist möglich. Die Blütezeit beginnt ab August, geerntet wird von Juni bis November.
Chinesischer Schnittlauch (*Allium odorum* syn. *ramosum*) blüht bereits im Frühjahr, kann frisch verwendet, aber auch wie Zwiebeln mitgekocht werden. Er bleibt als Zimmerpflanze ganzjährig grün und erntbar.

■ Dill

Anethum graveolens

■ Kerbel

Anthriscus cerefolium

Beschreibung: einjährig; typischer angenehm würziger Geruch; Samen schmecken kümmelartig. **Standort:** sonnig; warmer, humoser, genügend kalkhaltiger Boden. **Pflege:** zusätzliche Wassergaben in Trockenzeiten, keine anhaltende Staunässe. **Vermehrung:** Aussaat in Reihen mit 25 cm Abstand oder als Zwischensaat bei Gemüsen. **Ernte:** für kontinuierliche Frischernten mehrere Folgesätze von April bis September. **Verwendung:** frisch zum Würzen von Salaten, Rohkost, Suppen, Soßen, Fisch und Fleisch. Blütenstände werden zum Einlegen von Gewürzgurken und die Samen wie Kümmel, auch als Schlaftee, verwendet. **Wirkung:** appetitanregend, verdauungsfördernd, nervenberuhigend. **Sortenbeispiele:** 'Tetra-Dill' – kräftig wachsend; 'Hercules' – blattreich.

Beschreibung: einjähriges, schnell wachsendes, stark aromatisches, süßlich anisartig schmeckendes Würzkraut. **Standort:** sonnig bis halbschattig, keine Ansprüche an den Boden. **Vermehrung:** Reihenaussaat mit mindestens 15 cm Abständen bereits ab Ende März, mit mehreren Folgesätzen bis September; Kerbel lässt sich auch gut in Kästen und Töpfen kultivieren. **Ernte:** Blätter und Triebe, auch mit jungen Blüten, von Mai bis Dezember (bis zum Eintritt stärkerer Fröste). **Verwendung:** frisch zu Suppen, Soßen, Quark, Käse, Kräuterbutter, Eier- und Kartoffelgerichten, Bestandteil der „Grünen Soße" und der „fines herbes". Nicht mitkochen! **Wirkung:** appetitanregend, stoffwechselfördernd und wird deshalb auch bei Frühjahrskuren empfohlen.

STARKES AROMA

Schnitt-Sellerie *Apium graveolens* var. *secalinum* riecht und schmeckt stark aromatisch. **Standort:** nahrhafter, feuchter Boden, auch im Halbschatten. **Anbau:** frostempfindlich, deshalb die Jungpflanzen geschützt ab April vorkultivieren und erst nach den Eisheiligen (Mitte Mai) auspflanzen oder ab Anfang Mai in Reihen direkt ins Freiland säen. **Ernte:** Blätter im Sommer und Herbst, von geschützten Standorten auch noch im Winter. **Verwendung:** für Suppen, Soßen, Kartoffelgerichte; auch getrocknet als Küchengewürz.

Estragon
Artemisia dracunculus

Borretsch
Borago officinalis

Beschreibung: mehrjährig, wird 60 bis 150 cm hoch. **Blüte:** würzig duftende Blütenköpfchen. **Standort:** sonnig bis halbschattig; humoser, nährstoffhaltiger Boden; in rauen Lagen ist Winterschutz notwendig. **Vermehrung:** durch Teilen und Stecklinge, beim Russischen Estragon durch Aussaat. **Ernte:** junge Triebspitzen ab Mai; zum Trocknen oder Frosten ist der beste Erntezeitpunkt kurz vor der Blüte. **Verwendung:** In kleinen Mengen würzt er Salate, Soßen, Suppen, Geflügel, Quark und ist unverzichtbarer Bestandteil von Tartarkäse (mit Knoblauch) sowie von Kräuteressig, -senf, -wein und -geist. **Wirkung:** verdauungsfördernd, harntreibend. **Besonderheiten:** Der Deutsche und Französische Estragon übertreffen den Russischen Estragon beachtlich an Aroma und Würzkraft.

Beschreibung: einjähriges Kraut. **Blüte:** blau oder weiß, von Juni bis September. **Standort:** sonnig bis halbschattig, nährstoffhaltiger Boden. **Ernte:** frische Blätter und junge Triebe. **Verwendung:** zum Würzen von Gurken- und Blattsalaten, Fisch, Eiern, Quark, Kartoffeln, Grüner Soße, Bier und Apfelwein; die essbaren Blüten garnieren Salate und kalte Platten. **Wirkung:** nervenberuhigend, stimmungsanregend und blutreinigend. **Vorsicht:** Bei überhöhtem Genuss ist Gefahr von Leberschädigungen nicht ausgeschlossen. **Weitere Art:** Ausdauernder Borretsch (*Borago laxiflora*) – geeignet für Töpfe und Balkonkästen (hängende Blütenzweige), liebt nahrhaften Boden, flach pflanzen; auch zur Winterkultur, braucht allerdings Kälteschutz.

SCHARF, SCHÄRFER, MEERRETTICH

Meerrettich *Amoracia rusticana* bildet starke Haupt- und dünne Nebenwurzeln (Fechser) mit scharf beißendem Geschmack. **Standort:** sonnig bis halbschattig; nahrhafter, tiefgründiger Boden. **Anbau:** 15 bis 20 cm lange Fechser, im Abstand von 30 bis 40 cm schräg in etwa 20 cm tiefe Furchen legen; im Sommer mehrmals den oberen Teil der Stangen anheben, feine Nebenwurzeln abreiben; im Herbst die Stangen in Sand im Keller einschlagen. **Verwendung:** zu Fleisch, Fisch, Quark, Eiern. **Wirkung:** antibiotisch, harntreibend, verdauungsfördernd.

Kümmel
Carum carvi

Löffelkraut
Cochlearia officinalis

Beschreibung: zweijähriges Kraut, bildet im ersten Jahr nach der Aussaat eine Blattrosette. **Blüte:** Im Juli/August des Folgejahres erscheinen Blüten und Einzelfrüchte mit je zwei sichelförmigen Samen. **Standort:** sonnig; tiefgründiger Boden. **Vermehrung:** Aussaat im Spätsommer in Reihen mit 30 cm Abstand. **Pflege:** Winterschutz (Bedecken mit Reisig). **Ernte:** beginnt, wenn sich die Samen bräunen. **Verwendung:** Würzmittel zu Kohl-, Kartoffel- und Eintopfgerichten, Sauerkraut, Salaten, Soßen, Fleisch, Wurst, Quark, Käse, Backwaren, Spirituosen. **Wirkung:** appetitanregend und blähungstreibend. **Weitere Art:** Kreuzkümmel (*Cuminum cyminum*) – übertrifft Kümmel im Aroma, stellt aber höhere Ansprüche an das Klima.

Beschreibung: zweijähriger Kreuzblütler, bis 30 cm hoch, löffelartige Blätter (unten). **Blüte:** ab Mai des zweiten Jahres weiße, duftende Blüten. **Standort:** sonnig bis halbschattig; feuchte, humose Böden. **Anbau:** Aussaat erfolgt im April oder August/September in flachen Rillen mit späterem Vereinzeln auf etwa 20 cm. **Ernte:** die frischen Blätter der Frühsaat bereits im Sommer, Blätter der Spätsaat im Herbst und Winter bis zur Blüte. **Verwendung:** Blätter schmecken scharf kresseartig, salzig-bitter; geeignet zum Würzen von Salaten, Kartoffelgerichten und als Brotbelag. **Wirkung:** stoffwechselanregend, verdauungsfördernd, blutreinigend und ist gut geeignet als Rohkost für Frühjahrskuren.

WEITERE ARTEMISIEN

Eberraute *Artemisia abrotanum* wird bis zu 1 m hoch, ist ausdauernd und hat filigran-gefiederte Blätter, die nach Zitrone duften. **Standort:** trocken, warm; kalkhaltig, humos. **Verwendung:** frische Triebspitzen sparsam zu Salaten, Soßen, Braten; Schnittgrün für Sträuße.

Beifuß *Artemisia vulgaris* ist ein bis zu 2 m hoch wachsendes, anspruchsloses Würzkraut. **Ernte:** ganze Triebe kurz vor dem Aufblühen, in Bündeln ohne Blätter trocknen. **Verwendung:** nur noch selten als Würze für fettes Fleisch (Gänse- und Entenbraten).

Koriander
Coriandrum sativum

Rauke, Rucola
Eruca sativa

Beschreibung: einjähriges Samengewürz. **Früchte:** rund, getrocknet wohlriechend. **Standort:** sonnig; durchlässige, humose Böden und während der Jugendentwicklung ausreichend Bodenfeuchtigkeit. **Vermehrung:** Aussaat ab April in Reihen mit 30 cm Abstand. **Ernte:** Samenernte ab Anfang August, wenn die Wurzeln braun absterben; um Samenverluste zu vermeiden, sollen die Pflanzen taufrisch geschnitten und anschließend auf Tüchern in der Sonne getrocknet werden. **Verwendung:** als junges, frisches Kraut zu Salaten, grünen Suppen und Soßen; Koriandersamen zu Wild, Fisch, Gulasch, Wurst, Soßen, Rohkost, Rote Bete und Backwaren. **Wirkung:** zur Appetitanregung und gegen Blähungen.

Beschreibung: einjährig, schnell wachsend wie Senf, riecht stark aromatisch. **Standort:** keine besonderen Standortansprüche. **Vermehrung:** Aussaaten ab März in Reihen mit 20 cm Abstand; monatliche Folgesaaten und reichliches Gießen in Trockenperioden sichern kontinuierliche Ernten mit mehreren Schnitten. Rauke verträgt leichte Fröste; man kann sie auch im Zimmer in Gefäßen kultivieren. **Verwendung:** frische Blätter und junge Triebe ähnlich wie Gartenkresse für pikante Salate, Rohkost, Käse, Quark und Pizza. **Wirkung:** appetitanregend, tonisch, blutreinigend. **Weitere Art:** Wilde oder Italienische Rauke (*Eruca silvatica*) – mit kleineren Blättern, würziger und winterfester als die Kulturform.

INTERESSANTE SENF-NEUHEITEN

Chinesischer Senf *Brassica juncea crispifolia* ist ein schnellwüchsiges Würzkraut. **Vermehrung:** Aussaaten ab April in mehreren Folgesätzen. **Ernte:** nur junge, zarte Blätter. **Verwendung:** als grünes, krausblättriges Senfkraut für Salate, als Brotbelag und als Sommerspinat.

Senf-Spinat *Brassica campestris* ist schnell wachsend. **Vermehrung:** Reihenaussaat von Frühjahr bis Herbst. **Ernte:** nach 30 Tagen. **Verwendung:** beim Dünsten verliert sich der scharfe Geschmack; auch zum Würzen von Salaten, Rohkost und als Brotbelag.

Gewürz-Fenchel
Foeniculum vulgare

Currykraut
Helichrysum italicum

Beschreibung: mehrjährige Pflanze mit süßlich-würzigem Duft. **Blüte:** kleine, gelbe Blüten in bis zu 15 cm großen Dolden, von Juli bis Oktober; später typische bräunliche Spaltfrüchte. **Standort:** vollsonnig, geschützt; nährstoffreiche, humose Böden. **Vermehrung:** Aussaaten im Frühjahr in Reihen mit Abständen von 40 cm. Bei modernen Fenchelsorten, wie 'Berfena', reifen die Samenstände bereits im ersten Standjahr. **Verwendung:** junge Blätter zum Würzen von Salaten, Soßen, Fisch; Samen für Backwaren und Spirituosen. **Weitere Art:** Sizilianischer Fenchel (*Foeniculum vulgare* 'Regaleali') – türkisfarbene, kurze Blätter; schmeckt nach Dill; wird deshalb zuweilen als Ausdauernder Dill angeboten.

Beschreibung: mehrjähriger, immergrüner Halbstrauch mit silbergrauen, nadeligen Blättern, eng verwandt mit Strohblumen; die ganze Pflanze verströmt beim Berühren einen intensiven Duft nach Curry oder Bockshornklee. **Blüte:** gelbe Korbblüten im Sommer. **Standort:** sonnig; leichtere, kalkhaltige Böden; Trockenheit statt anhaltende Nässe; auch für Balkonkästen und Kübel geeignet. **Pflege:** Rückschnitt nach der Blüte und Winterschutz sind auch bei den neueren Sorten (z. B. 'Silbernadel' und 'Sylvericum') zu empfehlen. **Verwendung:** Triebspitzen und Blätter als Würze von Soßen, Fisch, Fleisch und Reis; beim Mitkochen 5 bis 10 Minuten vor Ende der Garzeit zufügen.

GELBES WUNDER

Ringelblume *Calendula officinalis* ist rasch wüchsig und anspruchslos, einjährig (Selbstaussaat). **Blüte:** gelb oder orange; riecht streng würzig. **Verwendung:** Blüten, junge Blätter zum Würzen von Salaten; getrocknete Blütenblätter als Safranersatz.

Safran-Ersatz lässt sich aus den äußeren Blütenblättern der Ringelblumen herstellen. Direkt frisch oder sorgfältig getrocknet, erhalten damit Fisch- und Geflügelgerichte sowie Fleischsuppen die geschätzte goldgelbe Farbe – und dies ganz preiswert.

Ysop
Hyssopus officinalis

Lorbeer
Laurus nobilis

Beschreibung: mehrjähriger Halbstrauch, bis zu 1 m hoch; duftet intensiv würzig. **Blüte:** von Juli bis August, meist blauviolett, seltener rot. **Standort:** sonnig. **Vermehrung:** durch Aussaat (zeitiges Frühjahr), Teilung (Frühjahr oder Herbst) oder Stecklinge (spätes Frühjahr), Pflanzabstände von 30 x 30 cm sind erforderlich. **Pflege:** In rauen Lagen während der kalten Jahreszeit ist Kälteschutz erforderlich. **Ernte:** das frische, junge Kraut bis zur Blüte. **Verwendung:** schmeckt herb und bitter; in kleinen Mengen für Salate, Soßen, Bohnengemüse, Eintopf, Kartoffel- und Fleischgerichte, Bowlen, Kräuterwein und Kräutergeist. **Wirkung:** allgemein stimulierend, stärkt den Magen und fördert die Verdauung.

Beschreibung: immergrünes, mehrjähriges Gehölz; wird bei uns meist als dekorative Kübelpflanze kultiviert; Blätter duften würzig. **Standort:** vollsonnig. **Vermehrung:** Stecklinge. **Pflege:** verschiedenartige Buschformen, auch Halb- und Hochstämmchen, können durch regelmäßigen Aufbauschnitt erzogen werden; jährlich in nahrhafte Erde umtopfen; in den Sommermonaten wiederholt flüssig düngen; frostfrei überwintern. **Ernte:** junge Triebe sowie ein- bis zweijährige Blätter. **Verwendung:** getrocknete Blätter zum Würzen von Soßen, Suppen, Sauerkonserven, für Fisch- und Fleischmarinaden, zum Aromatisieren von Essig; auch Bestandteil von „bouquets garni". **Wirkung:** appetitanregend und stoffwechselfördernd.

JETZT WIRD'S SCHARF

Paprika, Peperoni *Capsicum annuum* ist ein Halbstrauch, der einjährig kultiviert wird. **Früchte:** grün, gelb, orange und rot; Größe und Form sortenabhängig. **Anbau:** geschützte Vorkultur, Aussaat ab März, Auspflanzung nach den Eisheiligen auf nahrhaften, humosen Böden und warmen Lagen mit Abständen von 40 x 40 cm; Stützhilfen erforderlich. **Ernte:** August bis Frost. **Verwendung:** frisch, getrocknet, gemahlen, sauer eingelegt, für Fleisch, Suppen, Soßen. **Wirkung:** regt den Appetit an, fördert Verdauung und Stoffwechsel.

Echter Lavendel
Lavandula angustifolia

Beschreibung: Halbstrauch mit schmalen, silbrig grünen Blättern, 30 bis 60 cm hoch. **Blüte:** blaue, duftende Blütenstände ab Juli. **Standort:** sonnig; kalk- und humusreicher Boden ohne Staunässe. **Pflege:** Mulchen vorteilhaft; Rückschnitt im Herbst fördert den Neutrieb im nächsten Frühjahr; auch Topfkultur möglich (buschig oder Stämmchen). **Vermehrung:** Stecklinge oder Reihenaussaat im Frühjahr (Vorkultur ab März). **Ernte:** junge Triebe und Blätter ab Mai. **Verwendung:** Triebe und Blätter werden in Soßen, Eintöpfen und Fischgerichten mitgekocht; in kleinen Bündeln getrocknete Blütenstände duften im Haus oder finden Verwendung im Lavendelgeist. **Wirkung:** beruhigend, schlaffördernd und blähungstreibend.

Gartenkresse
Lepidium sativum

Beschreibung: einjährige Pflanze, rasch-wüchsig. **Standort:** sonnig bis halbschattig; gleichmäßig feuchter Boden. **Vermehrung:** Aussaat in Reihenabständen von mindestens 15 cm mit monatlichen Folgesaaten; Lichtkeimer, schnell keimend; besonders geeignet für Keimschalenkultur im Winter. **Ernte:** ganzjährig frisch. **Verwendung:** schmeckt rettichartig scharf; würzt Salate, „Grüne Soße", Quark, Eierspeisen, Kartoffeln, Rohkost und als Brotbelag. **Wirkung:** appetitanregend, verdauungsfördernd, blutreinigend, geeignet für Frühjahrskuren. **Weitere Art:** Ausdauernde Gartenkresse (*Lepidium latifolium*) – robust, mit meerrettich-scharfem Geschmack; wird bis zu 1,20 m hoch und ist winterfest; neigt zum Verwildern.

NOCH MEHR KRÄUTER

Waldmeister *Geum odoratum* ist ein ausdauernder Bodendecker. **Blüte:** weiß, im Mai. **Standort:** schattig; feucht. **Vermehrung:** Teilen, Aussaat im Herbst (Frostkeimer). **Verwendung:** Eis, Bowle, Apfel-Gelee. **Wirkung:** eingeschränkt anwenden, sonst Leberschädigung möglich.

Gundelrebe *Glechoma hederacea* ist eine ausdauernde, Ausläufer bildende Pflanze mit nierenförmigen Blättern und kleinen violetten Blüten. **Ernte:** Blätter von Juni bis Dezember zur Frischverwendung oder zum Einfrieren. **Verwendung:** für Salate, Brotaufstrich, Suppen.

Liebstöckel
Levisticum officinale

Zitronenmelisse
Melissa officinalis

Beschreibung: bis 1,50 m hoch; glänzend-grüne Blätter schmecken nach „Maggiwürze" (Maggikraut). **Standort:** sonnig bis halbschattig; nahrhafter Boden bei genügend großem Standraum. **Vermehrung:** Aussaat im Frühjahr oder Wurzelstockteilung. **Ernte:** fortlaufend frische, junge Blätter; zum Trocknen wird das Kraut vor der Blüte geschnitten; im Herbst Wurzelernte. **Verwendung:** in der Küche vor allem die würzkräftigen Blätter frisch, getrocknet oder gefrostet in kleinen Mengen für Suppen, Soßen, Eintöpfe, Reis, Fisch- und Fleischspeisen; die Wurzel kann mitgekocht werden. **Wirkung:** verdauungsfördernd, blähungs- und harntreibend. **Achtung:** nicht bei Nierenerkrankungen und Schwangerschaften verwenden!

Beschreibung: 0,5 bis 1,0 m hoch; ganze Pflanze duftet intensiv nach Zitrone. **Blüte:** weiß bis bläulich, ab Juni/Juli. **Standort:** warm, geschützt; durchlässiger Boden. **Pflege:** organischer Dünger, Mulchen und Winterschutz empfehlenswert. **Vermehrung:** Aussaat, Teilen und Stecklinge. **Ernte:** Blätter vor der Blüte. **Verwendung:** junge Triebe, frisch, getrocknet oder gefrostet als Würze von Blattsalaten, Tomaten, Quark, Pilzen, Fleisch, Fisch und Kräutersoßen. Nicht mitkochen! **Wirkung:** beruhigend und nervenstärkend. **Besonderheiten:** gelbbunte und weißgrüne Melissensorten, die auch als Würzkräuter verwendbar sind. **Sortenbeispiele:** 'Variegata' – gelbgrüne Blätter; 'Nana' – kompakt wachsend.

BELIEBTE BEEREN

Wacholder *Juniperus communis* wächst aufrecht als Strauch oder Baum, mit nadelförmigen, graugrünen Blättern; bildet würzige, schwarze, bläulich-bereifte Scheinfrüchte. Männliche und weibliche Pflanzen sind zu unterscheiden. Um Beeren zu ernten, müssen bei der Anpflanzung beide Geschlechter berücksichtigt werden. **Standort:** durchlässige , kalkhaltige Böden werden bevorzugt. **Verwendung:** Wacholderbeeren zu Sauerkraut, Marinaden, Pökelfleisch, Hammel-, Wild- und Sauerbraten. **Wirkung:** blähungswidrig, harntreibend.

Pfefferminze
Mentha x piperita

Bärwurz
Meum athamanticum

Beschreibung: Ausläufer bildendes Kraut, 30 bis 90 cm hoch. **Blüte:** weißliche bis rosarote Einzelblüten, von Juli bis September. **Standort:** sonnig bis halbschattig; nahrhafte, humusreiche, feuchte Böden. **Pflege:** bei feuchtwarmem Wetter Gefahr von Minzrost (Rückschnitt). **Vermehrung:** Ausläufer, Teilung, Stecklinge. **Ernte:** ganzjährig junge Triebe, Blätter. **Verwendung:** zu Salaten, Soßen, Suppen, Rohkost, Eiern, Quark, Desserts, Gelees, Drinks, Kräuteressig und -geist. **Wirkung:** erfrischend, magenfreundlich, stimulierend. **Weitere Minzen:** Krause Minze (*M. crispa*), Orangen-Minze (*M. x piperita citrata*), Apfel-Minze (*M. suaveolens*), Ananas-Minze (*M. suaveolens* 'Bowles'), Spearmint (*M. spicata*).

Beschreibung: ausdauernder Doldenblütler mit feinfiedrigen, stark würzig nach Liebstöckel duftenden Blättern (aber schwachwüchsiger und würzmilder als Liebstöckel); bis 40 cm hoch. **Blüte:** weiß, ab Juni. **Standort:** anspruchslos an Klima und Boden; winterhart. **Vermehrung:** Teilung älterer Pflanzen; Selbstaussaat ist ebenfalls möglich. **Ernte:** Blätter den ganzen Sommer über, Wurzeln erst ab Spätherbst. **Verwendung:** kräftig, deftig schmeckende Blätter wie Liebstöckel und wie Fenchel (wegen ihrer leichten Süße); Bärwurzgrün ist besonders geeignet für Kräuterquark (mit Schnittlauch); Wurzeln für Kräuterschnäpse ("Magenbitter"). **Wirkung:** verdauungsfördernd, appetitanregend.

SCHOKOLADEN-KRAUT

Die Primadonna der Edelminzen Schokoladen-Minze (*Mentha x piperita* 'Chocolate') hat einen ganz besonders feinen, milden Minze-Charakter. Ihr Aroma und Geschmack erinnern an Minzetaler oder After-Eight-Schokolade. Man kann mit ihr alle Arten von Süßspeisen verfeinern. Geben Sie aber erst kurz vor dem Servieren ein kleines Zweiglein oder einige Blätter der Schokoladen-Minze zu den Speisen oder oben auf. So sind Aussehen und Duft – zum Beispiel von Desserts oder Kuchen – kaum noch zu übertreffen.

Süßdolde
Myrrhis odorata

Brunnenkresse
Nasturtium officinale

Beschreibung: mehrjährige, winterfeste Staude mit hellgrünen, fiederteiligen Blättern, die süßlich-anisähnlich schmecken; 30 bis 60 cm hoch. **Blüten:** ab Mai weiß blühende Dolden. **Standort:** sonnig bis halbschattig; mäßig feuchter Boden. **Pflege:** vorzeitiger Rückschnitt der Samenstände fördert Erntemenge. **Ernte:** frisches Kraut im Sommer, Samen im Spätsommer, Wurzeln im Herbst. **Vermehrung:** Teilung oder Aussaat; Selbstaussaat ist möglich! **Verwendung:** gehackte Blätter, Blüten und unreife Samen verfeinern Süßspeisen, Omelettes, Obstsalate – auch als Zuckerersatz; ferner für andere Salate und Fischgerichte; reife Samen für Gebäck und Kohlgerichte. **Wirkung:** appetitanregend, leicht abführend.

Beschreibung: mehrjährig, wird aber meist einjährig kultiviert; niederliegendes, kriechendes Kraut, bis zu 80 cm lange Triebe; vitaminreich. **Blüte:** weiß, von April bis August. **Standort:** sonnig bis leicht schattig; nass oder feucht, unter Folie; Schlammbecken im Garten. **Pflege:** im Sommer gießen; Mulchen fördert den Erhalt der Bodenfeuchtigkeit; Reisigabdeckung ab un-ter −10 °C empfehlenswert. **Vermehrung:** Aussaat und Vorkultur ab Juni, Pflanzung im August. **Ernte:** ab Oktober bis Mai; etwa 10 cm lange Triebe. **Verwendung:** für Salate, Quark, Eintöpfe, Suppen, Kräuterbutter und Presssäfte. **Wirkung:** wassertreibend, blutreinigend, stoffwechselanregend, hilft bei Hautleiden.

FRISCH UND FRUCHTIG

Apfel-Minze *Mentha suaveolens* ist raschwüchsig. **Pflege:** wiederholter Rückschnitt der Blüte fördert Blattbildung. **Verwendung:** frisch wie Pfefferminze; auch für Potpourris, getrocknet zum Räuchern. **Wirkung:** mentholarm, magenfreundlich.

TIPP

Kräuternamen auf Kieselsteinen Auf glatter Fläche werden mit einem Pinsel und Acrylfarbe die Namen geschrieben und, wenn getrocknet, mit einem farblosen Lack aus der Sprühdose geschützt. Die Steine kann man direkt neben die Pflanzen legen.

Basilikum
Ocimum basilicum

Majoran
Origanum majorana

Beschreibung: ganze Pflanze duftet intensiv pfeffrig-würzig. **Standort:** sonnig, geschützt; warmer, humoser Boden. **Pflege:** ausreichend wässern im Sommer. **Vermehrung:** wegen hohem Wärmebedarf Vorkultur ab April empfohlen und Pflanzung nach den Eisheiligen, danach Folgesätze mit Direktaussaaten ins Freiland. Lichtkeimer! **Ernte:** junge Triebe und Blätter vor der Blüte. **Verwendung:** frisch, getrocknet oder gefrostet zum Würzen von Fleisch, Fisch, Gemüse, Eintöpfen, Suppen, Soßen, Salaten, Tomaten, Pestos und Rohkost. **Wirkung:** appetit- und verdauungsanregend, hilft bei Völlegefühl und Blähungen. **Weitere Arten:** Kubanisches oder Griechisches Buschbasilikum bieten auch in der Übergangszeit frisches Grün.

Blüte: klein, weiß, rosa- oder lilafarben, stark würzigduftend. **Standort:** sonnig, geschützt; leichter, humus- und kalkhaltiger Boden ohne Staunässe. **Pflege:** Mulchen ist vorteilhaft. **Vermehrung:** Aussaat Anfang Mai in Reihenabständen von 20 bis 25 cm, Vereinzeln auf 10 bis 15 cm Abstand. **Ernte:** frisches Kraut nach Bedarf, zum Trocknen Krautschnitt zur Vollblüte. **Verwendung:** deftige Fleisch- und Kartoffelgerichte, Suppen, Eintöpfe, Aufläufe, Quark, Tomatensalat, Wurst; auch zum Mitkochen! **Wirkung:** gegen Blähungen, krampflösend, nervenstärkend. **Weitere Sorten und Arten:** 'Marcelka' – ertragreich, widerstandsfähig; Winterfester Majoran (*Origanum* x *majoricum*) – kann durch Stecklinge weitervermehrt werden.

WÜRZKRÄUTER ALS ZIERPFLANZEN

Kräuterart		Zierpflanzen-Standort
Berg-Bohnenkraut	*Satureja montana*	Steingarten, Balkon
Borretsch	*Borago officinalis*	Gemüsegarten, Staudenbeet
Oregano	*Origanum vulgaris*	Staudenbeet, Steingarten
Eberraute	*Artemisia abrotanum*	Staudenbeet, Balkon, Kübelgarten
Kapuzinerkresse	*Tropaeolum majus*	Sommerblumenbeet, Spaliere, Ampelpflanze
Zitronenmelisse	*Melissa officinalis*	Staudenbeet, Kübelgarten, Balkon

Oregano, Dost
Origanum vulgare

Duftgeranien
Pelargonium spec.

Beschreibung: mehrjährig, 30 bis 50 cm hoch. **Blüte:** weiß, rosa, von Juli bis September. **Standort:** sonnig; warmer, auch trockenerer Boden. **Pflege:** Mulchen ist vorteilhaft; Winterschutz in rauen Gegenden; starker Rückschnitt bis zum Boden im Frühjahr. **Vermehrung:** Aussaat möglich, Stecklinge, Ausläufer und Teilung jedoch üblich. **Ernte:** den ganzen Sommer frische, junge Triebe und Blätter; zum Trocknen am besten während der Blüte schneiden. **Verwendung:** Fisch-, Fleisch- und Kartoffelspeisen, Suppen, Soßen, Spaghetti, Tomaten, Quark und Käse; klassisches Pizzagewürz! **Wirkung:** appetitanregend, krampflösend, nervenstärkend. **Sortenbeispiel:** Weißbunter Oregano (*Origanum vulgare* 'Variegatum').

Beschreibung: verschiedene Duftvarianten (die Blätter duften), geeignet für Topf-, Kübel-, Ampel- und Kastenkultur auf Terrasse und Balkon. **Pflege:** mäßig düngen; hell und kühl temperiert überwintern. **Verwendung:** die duftenden Blätter; zum Aromatisieren von Desserts, Gelees, Konfitüren, Sirups, Bowlen, Pudding, Limonaden und Gebäck. **Bekannte Duftgeranien-Sorten:** Zitronen-Geranie (*Pelargonium crispum*, empfehlenswerte Sorte 'Queen of Lemons'), Orangen-Geranie (*P.* x *citriodorium* 'Prince of Orange'), Rosen-Geranie (*P. graveolens* 'Attar of Roses'), Pfefferminz-Geranie (*P. tomentosum*), Apfelduft-Geranie (*P. odoratissimum*), Aprikosenduft-Geranie (*P. fragans* 'Madame Nonin').

Kräuterart		Zierpflanzen-Standort
Portulak	*Portulaca oleracea*	Blumenbeet, Randpflanzung, Böschung
Rosmarin	*Rosmarinus officinalis*	Staudenbeet, Steingarten, Kübelgarten, Balkon
Salbei	*Salvia officinalis*	Staudenbeet, Kübel- und Topf-Kräuterei
Schnittlauch	*Allium schoenoprasum*	Beeteinfassungen
Weinraute	*Ruta graveolens*	Staudenbeet, Steingarten, Kleinhecken
Ysop	*Hyssopus officinalis*	Steingarten, Staudenbeet, Topfgarten

Blatt-Petersilie
Petroselinum crispum convar. *crispum*

Beschreibung: Würzkraut mit glatten oder gekrausten Blättern; 30 bis 90 cm hoch. **Standort:** sonnig bis halbschattig; feuchter, nährstoffreicher Boden. **Vermehrung:** Aussaat im März in Reihenabständen von 15 bis 20 cm; Keimdauer von 3 bis 4 Wochen (Markiersaat mit Radies!). **Ernte:** fortlaufend, die ältesten Blätter nach außen wegbrechen. **Verwendung:** frisch, getrocknet oder gefrostet; fein gehackt zu Suppen, Grüner Soße, Quark, Käse, Gemüse, Kartoffel- und Fleischgerichten; nicht mitkochen! **Wirkung:** appetitanregend, verdauungsfördernd, harntreibend, blutreinigend. **Weitere Art:** Italienische Petersilie (*Petroselinum* var. *neapolitanum*) – groß- und glattblättrig, sehr intensiv.

Anis
Pimpinella anisum

Beschreibung: einjähriges Würzkraut; bis 80 cm hoch; riecht süß-würzig. **Blüten:** weiß, im Juli/August; daraus entstehen die birnenförmigen Früchtchen. **Standort:** sonnig; durchlässiger, humoser, kalkversorgter Boden. **Vermehrung:** Aussaat ab Ende März in Reihen mit 30 cm Abstand, am besten mit Radies als Markiersaat (Keimdauer 3 bis 4 Wochen). **Ernte:** junges, frisches Kraut; etwa 6 Wochen nach der Blüte reifen die Samen, die sich nach dem Braunwerden und Trocknen auf einem Tuch ausklopfen lassen. **Verwendung:** Kraut würzt Gemüse, Salate, Soßen und Quark; Samen verwendet man für Backwaren, Pizza, Kompott und Anislikör. **Wirkung:** appetitanregend und blähungstreibend.

WÜRZIG UND AROMATISCH

Wurzel-Petersilie *Petroselinum crispum* convar. *radicosum* hat eine wenig verzweigte rübenförmige Pfahlwurzel. Ansprüche und Kultur wie Blatt-Petersilie; die Kultur ist allerdings nur einjährig; in den Reihen muss auf 10 bis 15 cm ausgedünnt werden. **Ernte:** im Spätherbst; Kellereinschlag. **Verwendung:** Suppe, Gemüse, Fleisch.

Weinraute *Ruta graveolens* ist mehrjährig; verströmt einen bitter-strengen, kümmel-würzigen Geruch. **Standort:** sonnig. **Vermehrung:** Reihenaussaat im Frühjahr. **Verwendung:** junge Blätter und Triebe. **Wirkung:** anregend; Vorsicht: Weinraute in größeren Mengen wirkt giftig; nicht bei Schwangerschaft verwenden!

Portulak
Portulaca oleracea

Rosmarin
Rosmarinus officinalis

Beschreibung: einjährig; grün- und gelbblättrige Herkünfte; äußerst frostempfindlich. **Standort:** sonnig, geschützt; warme, am besten sandige, ungedüngte Böden. **Vermehrung:** Aussaat nicht vor Mitte Mai, in Reihen mit 20 cm Abstand; Samen werden dazu nicht mit Erde bedeckt, sondern nur angedrückt und angebraust. **Ernte:** nach etwa 4 Wochen. **Verwendung:** vitaminhaltige, junge Triebe und Blätter, schmecken angenehm erfrischend, leicht salzig-säuerlich; zum Rohverzehr für Salate, zu Tomaten und Gurken, für Quark, Frühlingssuppen und Kräutersoßen, zum Marinieren und für spinatartige Zubereitungen. **Wirkung:** appetitanregend, verdauungsfördernd, harntreibend und blutreinigend.

Beschreibung: immergrüner Halbstrauch; duftet angenehm nach Weihrauch und Nadelholz. **Blüte:** blassblau, März bis August. **Standort:** sonnig, warm, geschützt (Garten oder Kübel); humoser, durchlässiger, kalkhaltiger Boden. **Pflege:** mulchen und organische Nährstoffgaben im Sommer; Überwinterung geschützt, bei ungefähr 5 °C. **Vermehrung:** Stecklinge. **Ernte:** ganzjährig frische, junge Triebe; zum Trocknen Triebe vor und auch während der Blüte. **Verwendung:** Fleisch-, Grill-, Kartoffel-, Gemüsegerichte, Kräutergeist und -weine. **Wirkung:** appetitfördernd, anregend für Nerven und Kreislauf, stärkend. **Winterhärtere Sorten:** 'Salem', 'Veitshöchheim', 'Arp', 'Hill Hardy'; für Kräuterampeln – 'Prostratus'.

NOCH EIN BOHNENKRAUT

Berg-Bohnenkraut *Satureja montana* ist ein mehrjähriger Halbstrauch, bleibt wintergrün, mit kriechendem Wuchs. **Standort:** intensives Aroma durch vollsonnigen Stand; es genügen magere Böden, sie sollten jedoch ausreichend kalkhaltig sein. **Vermehrung:** Teilen älterer Pflanzen, seltener Aussaat. **Verwendung:** Würzen und Wirkungen wie beim Einjährigen Bohnenkraut. Es können ganze Zweige mitgebraten oder -gekocht werden. **Weitere Art:** Zitronen-Bohnenkraut (*Satureja montana* var. *citriodora*) mit feinem Zitronenaroma und größeren rosaroten Blüten im September. Nicht frosthart, braucht Winterschutz!

Sauerampfer
Rumex rugosus

Beschreibung: mehrjährig, mit pfeilförmigen Blättern, 30 bis 70 cm hoch. **Standort:** sonnig bis halbschattig; feuchter, humoser Boden. **Vermehrung:** Reihensaat im Frühjahr; zu dichte Bestände auf etwa 15 cm Abstand vereinzeln; Teilung älterer Horste möglich. **Pflege:** Erhöhung der Blattausbeute durch Ausbrechen der Blütenrispen während des Sommers. **Ernte:** junge Blätter bis zum Winter. **Verwendung:** Junge Blätter schmecken erfrischend säuerlich; würzen Salate, Grüne Soßen, Suppen, Quark, Joghurt; auch spinatartige Zubereitung. **Achtung:** für Kinder und bei Nierenleiden nur sparsam verwenden! **Wirkung:** blutreinigend, appetitanregend. **Weitere Art:** Gartenampfer (*Rumex patientia*) – enthält weniger Oxalsäure.

Garten-Salbei
Salvia officinalis

Beschreibung: streng-würzig duftender Halbstrauch mit graugrünen, länglichen, filzigen Blättern; bis 70 cm hoch. **Standort:** sonnig; kalkhaltiger, warmer, durchlässiger Boden. **Vermehrung:** Aussaat im März, Absenker, Stecklinge. **Pflege:** Winterschutz in rauen Lagen; starker Rückschnitt im Frühjahr. **Ernte:** junge Triebe und Blätter. **Verwendung:** frisch, getrocknet, für Fleisch-, Fisch-, Käse- und Gemüsegerichte, Kartoffelsuppe. **Wirkung:** stimulierend, kräftigend. **Weitere Arten:** Muskateller-Salbei (*S. sclarea*) – würzt Süßspeisen, Säfte, Omelettes; Ananas-Salbei (*S. rutilans*) – zu süßen und salzigen Speisen; Dalmatinischer Salbei (*S. officinalis* ssp. *major*) – große, runde Blätter; Aroma nicht süßlich.

SENF – KRAUT UND KÖRNER

Gelb-Senf *Sinapis alba* ist eine schnell keimende, anspruchslose, raschwüchsige, einjährige Kräuterart mit blassgelben, scharf schmeckenden Samen. **Anbau:** Aussaat bereits ab März mit Folgesätzen bis September. Schnellkulturen im Winter in Schalen. **Verwendung:** junges Kraut frisch für Rohkost, Salate, Quark, Grüne Soßen, Suppen, die Senfkörner für Sauerkonserven, „Mixed Pickles", Rote Bete, Wurst, Fleisch, Fischgerichte sowie zur Senfherstellung. **Wirkung:** blutdrucksenkend, appetitanregend, verdauungsfördernd.

Pimpinelle
Sanguisorba minor

Einjähriges Bohnenkraut
Satureja hortensis

Beschreibung: Rosetten mit zierlich gefiederten, duftenden Blättchen; 30 bis 60 cm hoch. **Blüte:** runde rötliche Blütenköpfchen von Mai bis Juni. **Standort:** sonnig bis halbschattig; anspruchslos; leichterer, kalkhaltiger Boden wird bevorzugt. **Vermehrung:** Teilung oder Direktaussaat in Reihen von März bis Mai. **Pflege:** Blütenstände entfernen zur Sicherung der Blatternte; nach mehreren Jahren Pflanzen auswechseln oder umpflanzen. **Verwendung:** Blätter schmecken aromatisch, nussartig und frisch-würzig; frisch oder gefrostet für Salate, „Grüne Soße", Kräutersuppen, -butter, -quark, Eier, Gemüse, Fisch und Fleisch. Nicht mitkochen! **Wirkung:** appetitanregend und blutreinigend.

Beschreibung: leicht behaarte, spitze, sehr aromatische Blättchen; bis 40 cm hoch. **Blüte:** von Juli bis September, weiße bis rosa-violette Blüten. **Standort:** sonnig; leichter, humoser, kalkhaltiger Boden bevorzugt. **Vermehrung:** Aussaaten ab April unter Folien oder Vliesen, Folgesaaten im Freiland ab Mitte Mai; Lichtkeimer! **Ernte:** Kraut, auch bei beginnender Blüte. **Verwendung:** schmeckt beißend pfeffrig; direkt frisch, gefrostet oder getrocknet zu Bohnengemüse, anderen Hülsenfrüchten, Kartoffelgerichten, Eintöpfen, Fleisch, Wild, Wurst, in kleinen Mengen für Salate. **Wirkung:** stimulierend, verdauungsfördernd, auch gegen Blähungen und Durchfall. **Bewährte Sorten:** 'AROMATA', 'Saturn'.

GESUNDE SÜSSE

Süßkraut *Stevia rebaudiana* hat süß schmeckende junge Triebe und Blätter (frisch oder getrocknet). **Anbau:** sonnig; mäßig gießen und düngen; Triebe entspitzen; bei 15 bis 20 °C überwintern; bei niedrigeren Temperaturen zieht die Pflanze ein, treibt aber wieder neu aus.

TIPP

Neue Gewürz-Tagetes Im Kräuter-Angebot gibt es inzwischen reich blühende orangefarbene und rote Sorten der Gewürz-Tagetes (*Tagetes tenuifolia*), z. B. 'Orange Gem', 'Lemon Gem', 'Red Gem'. Sie eignen sich zum Würzen und Garnieren von Salaten und Süßspeisen.

Tripmadam
Sedum reflexum

Garten-Thymian
Thymus vulgaris

Beschreibung: mehrjähriges, kriechendes Dickblattgewächs mit spitzen, fleischigen grün-bläulichen Blättchen, bis 20 cm hoch; graublaue Sorten haben einen höheren Zierwert. **Blüte:** von Juni bis August, gelbe Blüten. **Standort:** vollsonnig; trockener, magerer, sandiger Boden (deshalb auch beliebt für Steingärten und Beeteinfassungen). **Vermehrung:** durch Teilung und Absenker; die am Boden liegenden Triebe bewurzeln leicht. **Ernte:** ganzjährig; vitaminreiche zarte Blätter und vor allem Triebspitzen. **Verwendung:** frisch oder klein gehackt; zu Rohkost, Salaten, Suppen, Kräutersoßen und -essig sowie zu spinatartigen Gerichten. **Wirkung:** appetitanregend, harntreibend und blutreinigend.

Beschreibung: mehrjähriger Zwergstrauch. **Blüte:** hellrosa, ab Mai. **Standort:** sonnig, trockener; sandiger, kalkhaltiger Boden. **Vermehrung:** Teilung, Absenker, Stecklinge oder Reihenaussaat im Frühjahr. **Ernte:** Frischkraut bis kurz vor der Blüte, zum Trocknen auch noch während der Blüte. **Verwendung:** für Wurst, Pasteten, Fleisch, Kartoffel-, Gemüsegerichte, Suppen, Soßen, Käse, Pizza. **Wirkung:** krampf- und schleimlösend, fördert die Verdauung. **Weitere Arten:** Zitronen-Thymian (*Thymus citriodorus*) – rosafarbene Blüte; deutliche Zitronen-Duftnote, anspruchsvoller als *Thymus vulgaris*, Winterschutz erforderlich; Oregano-Thymian (*Thymus* spec.) – graulaubig, in der Küche wie Oregano zu verwenden.

WEITERE BEMERKENSWERTE THYMIAN-VERWANDTE

Orangen-Thymian *Thymus fragrantissimus* hat eine fruchtige Würznote. **Pflege:** braucht Winterschutz. **Verwendung:** besonders für Süßspeisen geeignet.

Kümmel-Thymian *Thymus herba-barona* ist sehr blühfreudig und wächst auch überhängend

oder rasenbildend; mit gemischtem Thymian-Kümmel-Aroma. **Verwendung:** für Fleisch, Wurst oder Käse.

Quendel *Thymus serphyllum* wächst niederliegend oder auch buschig. **Verwendung:** für mildes Würzen und reizstoffarme Diäten.

Bockshornklee
Trigonella foenum-graecum

Kapuzinerkresse
Tropaeolum majus

Beschreibung: einjähriges Würzkraut mit zarten, stark beblätterten Stängeln; Schmetterlingsblütler; 10 bis 25 cm hoch; Kraut nach Heu duftend, Samen nach gebranntem Zucker. **Blüte:** weißlich, ab Mai. **Standort:** sonnig; leichter, humusreicher Boden. **Vermehrung:** ab April Reihenaussaat. **Ernte:** Blätter; Samen (Samenreife 4 Wochen nach Blüte). **Verwendung:** frische oder getrocknete Blätter für Zwiebelsuppen, Omelettes, Kräutersoßen und vegetarische Gerichte; die braunen gerösteten und gemahlenen Samen für Braten, Fischsuppen, Kürbisgemüse, Fladenbrot; Bestandteil von Currypulver; Samen auch für Tee (der Geschmack des Gewürzes entwickelt sich erst beim Kochen). **Wirkung:** kräftigend.

Beschreibung: einjähriges, schnellwüchsiges, reich blühendes Würzkraut; bis 30 cm hoch; kriechend und rankend. **Blüte:** gelb, auch orangerot; ab Juni; süß duftend. **Standort:** sonnig; humoser Boden mit ausreichender Wasserversorgung. **Vermehrung:** späte Aussaat und Kultur nach den Eisheiligen, weil frostempfindlich; Selbstaussaat möglich. **Ernte:** frische junge Triebe und Blätter sowie die attraktiven Blüten. **Verwendung:** pfeffrig-kresseartiges Aroma, frisches Kraut zu Senfsoßen und Salaten, Rohkost, Quark, Vesperbroten; Knospen als Kapernsersatz; essbare Blüten zum Dekorieren. **Wirkung:** appetitanregend, allgemein kräftigend, verdauungsfördernd, leicht abführend (sparsam verwenden!).

TIPP

Originelle Blüten-Salate mit Kapuzinerkresse – nicht nur für die Gartenparty geeignet. Für Salate werden die frisch gepflückten, gewaschenen und abgetropften Kresseblüten mit Marinade übergossen und sorgsam vermengt als Besonderheit kredenzt.

Übrigens: Mit Blüten der Kapuzinerkresse überstreut, überzeugen grüne Kopf- oder Gurkensalate durch Aussehen und besonderen Wohlgeschmack. Geschlossene Blütenknospen oder junge, grüne Samen der Kapuzinerkresse sauer eingelegt, können als Kapernersatz dienen. Dazu werden sie mit siedendem Salzwasser überbrüht und mit gutem Weinessig übergossen.

WÜRZKRÄUTER IM KÜCHENPROGRAMM

Kräuterart	Verwendung
Küchenzwiebel *Allium cepa*	Rohkost, Salate, Quark, Marinaden, Soßen, Suppen, Fleisch, Fisch, Gemüse, Pilze
Knoblauch *Allium sativum*	Grün wie Schnittlauch; Zehen zu Rohkost, Salaten, Quark, Wurst, Suppen, Gemüse
Schnittlauch *Allium schoenoprasum*	Rohkost, Grüne Soße, Quark, Salate, Suppen, Eierspeisen, Kartoffeln
Bärlauch *Allium ursinum*	Brotbelag, Salate, Soßen, Quark, Gemüse, Nudeln, Reis, Kartoffeln
Dill *Anethum graveolens*	Rohkost, Gurken-, Tomatensalate, Suppen, Soßen, Fisch, Fleisch, Gewürzgurken; Samen wie Kümmel
Kerbel *Anthriscus cerefolium*	Suppen, Soßen, Quark, Käse, Kräuterbutter, Eier- und Kartoffelgerichte
Meerrettich *Armoracia rusticana*	Fleisch, Fisch, Wurst, Quark, Eier, Tomaten, Sauerkonserven
Estragon *Artemisia dracunculus*	Salate, Suppen, Soßen, Geflügel, Quark
Borretsch *Borago officinalis*	Gurken- und Blattsalate, Fisch, Eier, Quark, Kartoffeln, Grüne Soßen, Bier
Paprika *Capsicum annuum*	Rohkost, Fleisch, Fisch, pikante Soßen, Suppen, Quark, Käse
Kümmel *Carum carvi*	Kartoffeln, Eintöpfe, Salate, Soßen, Fleisch, Wurst, Käse, Quark, Gebäck
Koriander *Coriandrum sativum*	Grün zu Salaten, Suppen, Soßen; Samen zu Wild, Fisch, Gulasch, Wurst, Soßen, Rohkost, Backwaren
Rukola *Eruca sativa*	Wie Gartenkresse: pikante Salate, Rohkost, Käse, Quark und Pizza
Fenchel *Foeniculum vulgare*	Grün zu Fisch, Salaten, Soßen; Samen zu Backwaren, Spirituosen
Currykraut *Helichrysum italicum*	Soßen, Fisch, Fleisch, Reis
Ysop *Hyssopus officinalis*	Salate, Soßen, Bohnen, Eintopf, Kartoffeln, Fleisch, Kräuterwein, -geist
Lavendel *Lavandula angustifolia*	Soßen, Eintopf, Fischgerichte, Lavendelgeist, Duftsträußchen
Liebstöckel *Levisticum officinale*	Suppen, Soßen, Eintopf, Reis, Fisch- und Fleischgerichte
Lorbeer *Laurus nobilis*	Soßen, Suppen, Sauerkonserven, Fisch- und Fleischmarinaden, Essig
Gartenkresse *Lepidium sativum*	Rohkost, Brotbelag, Salate, Grüne Soße, Eier, Kartoffeln
Melisse *Melissa officinalis*	Blattsalate, Tomaten, Quark, Pilze, Fleisch, Fisch, Kräutersoßen
Minzen *Mentha* spec.	Rohkost, Salate, Soßen, Suppen, Desserts, Drinks, Gelees, Kräuteressig, -geist
Süßdolde *Myrrhis odorata*	Grün zu Salaten, Fisch, Süßspeisen, Omelettes; Samen für Gebäck, Kohl
Basilikum *Ocimum basilicum*	Rohkost, Fleisch, Fisch, Gemüse, Eintopf, Suppen, Soßen, Salate, Pestos
Majoran *Origanum majorana*	Kartoffeln, Fleisch, Wurst, Suppen, Eintopf, Aufläufe, Quark, Tomaten
Oregano *Origanum vulgare*	Fisch, Fleisch, Kartoffel, Suppen, Soßen, Spaghetti, Tomaten, Quark, Pizza
Petersilie *Petroselinum crispum*	Suppen, Grüne Soße, Quark, Käse, Gemüse, Kartoffel- und Fleischgerichte
Anis *Pimpinella anisum*	Grün zu Salaten, Soßen, Quark; Samen zu Backwerk, Pizza, Kompott, Likör
Portulak *Portulaca oleracea*	Rohkost, Brotbelag, Tomaten, Gurken, Quark, Suppen, Soßen, Marinaden
Rosmarin *Rosmarinus officinalis*	Fleisch-, Grill-, Kartoffel- und Gemüsegerichte, Kräuterwein, -geist
Sauerampfer *Rumex rugosus*	Salate, Grüne Soße, Suppen, Quark, Joghurt, Spinat
Weinraute *Ruta graveolens*	Fleisch, Fisch, Aalsuppe, Soßen, Käse, Kräuterwein
Garten-Salbei *Salvia officinalis*	Fleisch-, Fisch- und Gemüsegerichte
Pimpinelle *Sanguisorba minor*	Salate, Grüne Soße, Suppen, Quark, Eier, Gemüse, Fisch, Fleisch
Bohnenkraut *Satureja hortensis*	Bohnen, andere Hülsenfrüchte, Kartoffeln, Eintopf, Fleisch, Wild, Wurst
Senf-Arten *Sinapis* spec.	Grün wie Kresse, Rohkost, Salate, Quark, Grüne Soßen, Spinat; Samen zu Sauerkonserven, Rote Bete, Wurst, Fleisch, Fisch
Thymian *Thymus vulgaris*	Wurst, Pasteten, Kartoffeln, Gemüse, Suppen, Soßen, Käse, Pizza
Bockshornklee *Trigonella foenum -graecum*	Fleisch, vegetarische Gerichte, Bestandteil von Curry
Wacholder *Juniperus communis*	Beeren zu Sauerkraut, Marinaden, Fleisch

Kräuter – Pflanzen und Saatgut

Kräuter- und Staudengärtnerei Mann
Schönbacher Str. 25
02708 Lawalde
Telefon 0 35 85/40 37 38
www.staudenmann.de

re-natur GmbH
Charles-Roß-Weg 24
24601 Ruhwinkel
Telefon 0 43 23/90 10-0
www.re-natur.de

Rühlemanns Kräuter und Duftpflanzen
Auf dem Berg 2
27367 Horstedt
Telefon 0 42 88/92 85-58
www.ruehlemanns.de

Kräuterhof Rohlmann GmbH
Everswinkelerstr. 24
48167 Münster-Wolbeck
Telefon 0 25 06/33 38
www.kraeuterhof-rohlmann.de

Kräuter- und Wildpflanzengärtnerei Strickler
Lochgasse 1
55232 Alzey-Heimersheim
Telefon 0 67 31/38 31
www.gaertnerei-strickler.de

Kräuterey Lützel
Im Stillen Winkel 5
57271 Hilchenbach-Lützel
Telefon 0 27 33/38 46
www.kraeuterey.de

Syringa Duftpflanzen und Kräuter
Bachstraße 7
78247 Hilzingen-Binningen
Telefon 0 77 39/14 52
www.syringa-samen.de

Hof Berg-Garten
Lindenweg 17/Großherrischwand
79737 Herrischried
Telefon 0 77 64/2 39
www.hof-berggarten.de

Die Blumenschule
Augsburger Straße 62
86956 Schongau
Telefon 0 88 61/73 73
www.blumenschule.de

Artemisia
Hopfen 29
88167 Stiefenhofen im Allgäu
Telefon 0 83 86/96 05 10
www.artemisia.de

Brunnenhof
Manufaktur & Skriptorium
Kornstraße 61
88370 Ebenweiler
Telefon 0 75 84/32 22
www.brunnenhof-kraeuter-und-mehr.de

Raritätengärtnerei Treml
Eckerstraße 32
93471 Arnbruck
Telefon 0 99 45/90 51 00
www.pflanzentreml.de

Nützlinge

Katz Biotech AG
An der Birkenpfuhlheide 10
15837 Baruth
Telefon 03 37 04/6 75-10
www.katzbiotechservices.de

ÖRE Bio-Protect –
Biologischer Pflanzenschutz GmbH
Neuwührener Weg 26
24223 Raisdorf
www.nuetzlingsberatung.de

re-natur GmbH
Charles-Roß-Weg 24
24601 Ruhwinkel
www.re-natur.de

W. Neudorff GmbH KG
An der Mühle 3
31860 Emmerthal
Beratungstelefon:
Telefon 0180/56 38 367
www.neudorff.de

STB-Control
Triebweg 2
65326 Aarberg
www.stb-control.de

Sautter & Stepper GmbH
Rosenstr. 19
72119 Ammerbuch
Telefon 0 70 32/95 78-30
www.nuetzlinge.de

Katz Biotech AG
(Beratungsstandort Süd)
Industriestrasse 38
73642 Welzheim
Telefon 07182/93 53 7-3
www.katzbiotechservices.de

Hatto Welte Nützlinge
Maurershorn 18 a
78479 Insel Reichenau
www.welte-nuetzlinge.de

Andermatt Biocontrol
Stahlermatten 6
CH-6146 Großdietwil
www.biocontrol.ch

Naturgemäßer Gartenbau

GÄA – Vereinigung ökologischer Landbau e.V.
Bundesgeschäftsstelle
Arndtstr. 11
01099 Dresden
Telefon 03 51/401 23 89
www.gaea.de

Permakultur Akademie
Auf der Filzer Kupp 1
54329 Konz
www.permakultur-akademie.de

Forschungsring für biologisch-dynamische
Wirtschaftsweise e.V.
Brandschneise 1
64295 Darmstadt
www.forschungsring.de

Naturgarten e.V.
Bundesgeschäftsstelle
Kernerstr. 64
74076 Heilbronn
Telefon: 0 71 31/6 49 99 96
www.naturgarten.org

Permaculture Bayern
Herrmannsdorf 11
85625 Glonn

Bioforum Genossenschaft
Beim Bahnhof
Postfach 24
CH-4936 Kleindietwil
www.biofarm.ch

Bioterra (SGBL)
Dubsstr. 33
CH-8003 Zürich
www.bioterra.ch

Register

Die **halbfett** markierte Seitenzahlen verweisen auf Abbildungen.

Mit 123 Farbfotos von:

Otmar Diez, Sulzthal: 29 u, 30 u, 33 u, 36 ure, 37,
    38 ore, 38 Mire, 40 u;

Flora Press, Hamburg: 30 o, 31;

GartenBildagentur/Didillon, Au/Hallertau: 49;

GartenBildagentur/GPL, Au/Hallertau: 29 o; 33 o;

GartenBildagentur/Noun, Au/Hallertau: 36 ore;

Gartenschatz, Stuttgart: 15 li, 23 (beide), 40 o, 48,
    68 re, 69 re, 70 (beide), 71 (beide), 73 li, 74 re,
    75 (beide), 76 li, 77 re, 78 li, 80 li, 81 re, 82 (beide),
    83 (beide), 84 re, 85 (beide), 86 re, 87 re;

Botanik-Bildarchiv Laux, Biberach/Riß: 50, 53 u, 65,
    66 u, 84 li;

Michael Mögle, Stuttgart: 42 (beide);

Sibille Müller, Raubach: 11 o, 22, 77 li, 79 re, 80 re;

Wolfgang Redeleit, Bienenbüttel: 8, 38 uli, 41 u, 44 o,
    54 u, 56 u;

Reinhard-Tierfoto/Hans Reinhard, Heiligkreuz-
    steinach-Eiterbach: 1, 2/3, 5, 6 u, 7, 9 (beide), 10,
    13 o, 14, 15 re, 18, 19, 20 o, 21, 24, 25, 32, 34, 41 o,
    43 o, 51 o, 52, 53 o, 54 o, 56 o, 57, 58, 59 (beide),
    66 o, 67, 68 li , 72 re, 76 re, 79 li, 86 li , 87 li;

Reinhard-Tierfoto/Nils Reinhard, Heiligkreuz-
    steinach-Eiterbach: 36 oli, 73 re;

Manfred Ruckszio, Taunusstein: 11 u, 26, 27 u, 43 u,
    51 u, 74 li;

Bildarchiv Sammer, Neuenkirchen:, 20 u, 39, 44 u,
    55, 60, 61, 62, 63, 64;

Dr. Paul Seitz, Bad Kreuznach: 6 o, 13 u, 69 li, 72 li,
    78 re, 81 li;

Friedrich Strauß, Au/Hallertau:, 27 o, 28.

Mit 15 Illustrationen von:

Reinhild Hofmann, München: 12, 16, 17, 19;

Horst Lünser, Berlin: 35 (alle acht), 39 (alle drei).

Umschlaggestaltung von Atelier Reichert, Stuttgart,
unter Verwendung von zwei Fotos von Friedrich Strauß,
Au/Hallertau (Hauptmotiv) und Botanik-Bildarchiv
Laux, Biberach/Riß (Einklinker).

Gedruckt auf chlorfrei gebleichtem Papier

2. Auflage
© 2005, 2008
Franckh-Kosmos Verlags-GmbH & Co. KG, Stuttgart
Alle Rechte vorbehalten
ISBN 978-3-440-11432-2
Redaktion: Carolin Krank
Produktion: DOPPELPUNKT Auch & Grätzbach GbR,
Stuttgart
Grundlayout: Dietmar Grashoff, Lahr
Printed in Italy/Imprimé en Italie

Unser gesamtes lieferbares Programm und viele
weitere Informationen zu unseren Büchern,
Spielen, Experimentierkästen, DVDs, Autoren und
Aktivitäten finden Sie unter www.kosmos.de